Fa Rag

La naissance d'un nouveau paradigme

Fa Rag

La naissance d'un nouveau paradigme

Eternel Israël

Éditions Croix du Salut

Imprint
Any brand names and product names mentioned in this book are subject to trademark, brand or patent protection and are trademarks or registered trademarks of their respective holders. The use of brand names, product names, common names, trade names, product descriptions etc. even without a particular marking in this work is in no way to be construed to mean that such names may be regarded as unrestricted in respect of trademark and brand protection legislation and could thus be used by anyone.

Cover image: www.ingimage.com

Publisher:
Éditions Croix du Salut
is a trademark of
Dodo Books Indian Ocean Ltd. and OmniScriptum S.R.L publishing group

120 High Road, East Finchley, London, N2 9ED, United Kingdom
Str. Armeneasca 28/1, office 1, Chisinau MD-2012, Republic of Moldova, Europe
Managing Directors: Ieva Konstantinova, Victoria Ursu
info@omniscriptum.com

Printed at: see last page
ISBN: 978-620-6-16879-9

Il y a quelques années en 2020, période compliquée de "Covid", nous venions juste auparavant de nous implanter en Espagne pour vivre et y développer notre société. Je résidais sur les hauteurs d'une très belle colline à l'extérieur du petit village de Viñuela, dans la province de Malaga. Effectivement mon mari et moi avions choisi cet endroit pour sa quiétude et sa beauté. Cette localité était agencée de simples petites villas modernes qui constituaient un petit hameau. La majorité des riverains étaient des retraités anglais et quelques autres européens. Personnellement, cette atmosphère semblait être propice au calme et à la méditation, au repos de l'esprit ; un vaste champ d'olivier occupait tout l'arrière-plan derrière la maison ; puis les montagnes anciennes environnaient littéralement le village. Mon mari et moi étions cloîtrés ensemble, séparés de nos familles et amis respectifs, ce qui créait une volonté de rapprochement. Toutefois, une attitude particulièrement électrique dans nos relations. De ce fait, paradoxalement, quand il y a eu le confinement, cette perturbation ajouta une solitude singulière incompréhensible, et également favorisa ce besoin de retranchement et de véridicité sincère de manière intérieur. La majorité de mon temps, je le consacrais en prière seule, puis par intermittence au téléphone ; en compagnie de personnes originaires de différents lieux d'Europe que j'avais rencontrées par le fait d'avoir fréquenté une église évangélique anglophone à Antibes pendant une dizaine d'années. C'était une période de préoccupation, et l'appréhension prenait du terrain dans nos bouleversantes conversations et créait en nous "les pratiquants de la foi" un empressement de nous approcher de Dieu par la prière, tellement le mensonge de nos dirigeants déconcertait nos cœurs et nos esprits. Le coronavirus a été un événement historique de remise en question existentielle, de se repenser dans nos valeurs et nos comportements, mais encore, pour un changement de conscience collectif de nos fondamentaux. Personnellement, après vingt-six années de conversion, d'enseignement spirituel chrétien, j'avais au même titre, besoin de renouveau et de me reconsidérer dans l'essentiel de ma relation intime avec Dieu. Le confinement m'a encouragé à remettre en question le levain de ma connaissance du seigneur en m'interrogeant sur la simplicité de la personne de Jésus-Christ, qui symbolise le logos (le verbe), il incarne la sagesse, il est une voie pour toute l'humanité et se reflète dans toutes les religions confondues et toutes leurs écritures sacrées.

Vous pouvez dans cet essai, donner un autre nom si celui-ci vous gêne, et représente la chrétienté humaine ; j'aimerai simplement vous permettre de découvrir au-delà des clichés religieux, toute la splendeur de la révélation de l'amour de Dieu. Bien sûr, j'ouvre un chemin et un langage quelque peu cataphatique christique, néanmoins, laissez-vous surprendre par l'universalité de cet ouvrage. Depuis toujours, combien Dieu veut se faire connaître à sa création, supposé que celle-ci soit en mesure de se détacher de toute doctrine et tradition prédominantes ancrée en elles.

L'AME, LE CORPS ET L'ESPRIT

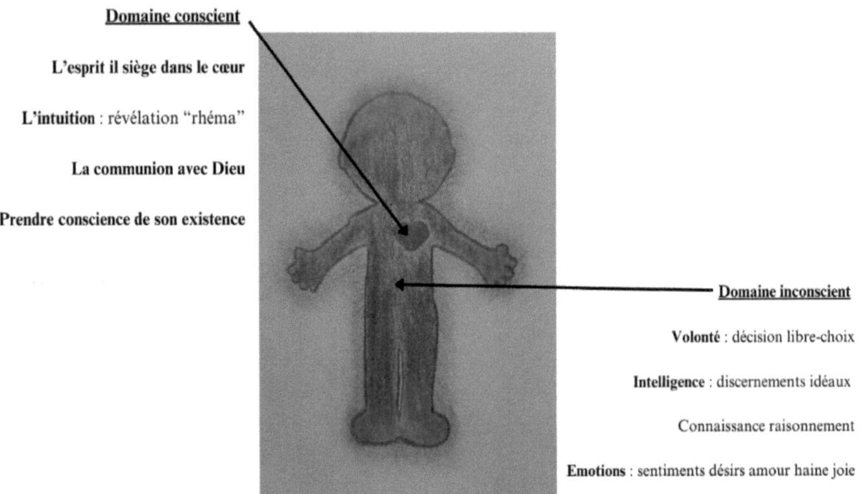

"voire schéma chapitre Adam". Le nom de l'âme humaine en hébreu est ADAM dans la mesure où l'âme se trouve dans le sang, à l'intérieur de l'intégralité du corps et très près de l'extérieur de la peau. Elle incarne notre Être, elle est toute la personnalité de l'humain. L'âme est le souffle de Vie intérieur de l'Homme qui nous maintient vivant, elle est une puissance d'énergie divine naturelle. Avant tout, si votre âme se laisse diriger par ses émotions vous deviendrez un être fragile, dans le principe vous reflétez votre âme. Néanmoins avec Dieu ce n'est pas dans une relation intellectuelle, mais avec l'Esprit dans le cœur, nourri de sa parole sacrée pour grandir et demeurer dans son royaume Céleste.

En supposant que toutes les écritures bibliques, l'œuvre, mais aussi la vie de Christ, sont inspirées de Dieu ; les événements retracent une réalité principalement en qualité de sobriété et simplicité dans ces écrits, traversant tout au long de son ministère dans l'accomplissement apostolique. Ceci nous amène à apprécier le choix de Christ pour ses disciples, futurs apôtres fondateurs du christianisme. Comme je l'ai mentionné plus haut, les douze Apôtres se comportaient comme des hommes très ordinaires de cette région. Plusieurs professaient en tant que pêcheurs, il y avait un collecteur d'impôts et un représentant d'un mouvement religieux "les Zélés". Nous pouvons considérer, sur toute la longueur du récit de la Bible dans les évangiles, les défauts et les faiblesses de chacun ; même si nous constatons une légère distinction qui s'illustre par l'ardeur de Pierre, et de tous ces comportements hasardeux inconscients. Tout d'abord, tous sont choisis par Dieu à travers Christ, et non d'un quelconque concours élitiste, de se trouver parfait et connaissant. Finalement, ils deviennent des disciples, seulement il a fallu attendre trois années afin de bénéficier d'être visités et remplis par le Baptême de l'Esprit-Saint dans le but d'être envoyés en tant qu'Apôtres. Cet exposé traite et souligne autant dans le Nouveau que dans l'Ancien Testament en quoi la spiritualité découle de l'âme, au sein même du cœur spirituel, qui est le siège de l'Esprit-Saint (conscience suprême divine) et non du mental (volonté, émotion et connaissance) de l'âme charnelle intérieure.

 1 Corinthiens 15 /43-47 : il est semé méprisable, il ressuscite glorieux ; il est semé infirme, il ressuscite plein de force ; 44) il est semé corps animal, il ressuscite corps spirituel. S'il y a un corps animal, il y a aussi un corps spirituel. 45) C'est pourquoi il est écrit : Le premier homme, Adam, devint une âme vivante. Le dernier Adam est devenu un esprit vivifiant. 46) Mais ce qui est spirituel n'est pas le premier, c'est ce qui est animal ; ce qui est spirituel vient ensuite. 47) Le premier homme, tiré de la terre, est terrestre ; le second homme est du ciel.

Néanmoins, le problème que j'aimerais évoquer dans cet enseignement est la compréhension des différents niveaux d'expression et de relation du corps, de l'âme et de l'esprit. Le pratiquant a réellement une grande difficulté à distinguer la subtilité entre l'âme et l'esprit qui est primordiale pour un cheminement spirituel de guérison de l'individu. Comment croire si l'on n'a pas idée de l'importance des rôles et de la place de chacun d'eux ; la confusion peut déstabiliser et affecter la personne dans son raisonnement, "également dans son corps" elle s'entête sur l'aspect psychique sans vraiment s'examiner à l'intérieur de son âme, si cela provient du domaine de l'Esprit, de la psyché ou de l'âme "charnelle".

 Le verset 44 dit : il est semé d'un corps animal, celui qui se trouve sur terre qui va normalement mourir ensuite ressuscite corps spirituel... Et comment ?
Ce point est fondamental pour comprendre les différents mouvements à développer ; notre réconciliation et résurrection s'accordent si nous amenons notre âme vivante et notre propre raisonnement à l'obéissance de notre ESPRIT VIVANT "Dieu" verset 45. Nous pouvons dès à présent tirer parti dans notre "ÂME qui est notre ÊTRE entier (intérieur)" de se laisser diriger par l'Esprit et non par l'intelligence qui est rattachée au corps qui est appelée "chair" dans les

Evangiles. Pour nous chrétiens, nous ne sommes pas liés au premier, mais uniquement au dernier Esprit vivifiant, c'est lui, Christ qui a vaincu toutes "les morts" !

1thésalonissiens 5/23 : OR le Dieu de paix lui-même vous sanctifie entièrement, et que votre Esprit, et votre Âme, et votre Corps tout entiers soient conservés sans reproche en la venue de notre Seigneur Jésus-Christ.

Logion 22 de l'évangile de Thomas (apocryphe).
1) Jésus vit des petits qui tétaient.
2) Il dit à ses disciples : Ces petits qui tètent sont comparables à ceux qui entrent dans le Royaume.
3) Ils lui dirent : Est-ce en étant petits que nous entrerons dans le Royaume ?
4) Jésus leur dit : Si de deux, vous faites un, que vous fassiez le dedans comme le dehors, le dehors comme le dedans, le dessus comme le dessous,
5) En sorte que vous fassiez de l'homme et de la femme un seul être, si bien que l'homme ne soit pas homme et que la femme ne soit pas femme,
6) si vous faites des yeux au lieu d'un œil, une main au lieu d'une main, un pied au lieu d'un pied, une image au lieu d'une image,
7) alors, vous entrerez dans le Royaume.

Cette partie de l'évangile de Thomas (apocryphe) copiée, au IV\ :sup:`e` siècle, contient une traduction erronée de "Homme-Femme". Celle-ci s'exprime plutôt dans le sens de Féminin/icha, et du masculin/ich, de sorte que l'extérieur icha se tourne vers son intérieur ich. C'est pourquoi Jésus affirme que nous devons renverser notre perception de la réalité dans une intention spirituelle : prédisposer notre âme à l'essentiel et s'identifier à l'âme intérieure, "UNE", c'est-à-dire l'Esprit. Et des deux yeux extérieurs regardés avec son cœur "l'œil" donc également, l'Esprit.

Le corps : comprend la partie matière extérieure, physique charnelle de l'individu. Il est le potentiel extérieur que l'on aperçoit, qui correspond avec le monde matériel. Il bénéficie de la partie la moins illustre, car l'idée de la dualité chez l'humain s'oppose dans une rivalité entre un corps visible, distinct de l'âme invisible. Dans la tradition chrétienne, nous parlons davantage de résurrection, jamais de réincarnation de l'âme ; il n'y a pas de vie après la mort pour l'humain dont l'âme se détache immédiatement ; ensuite, le corps est enterré : l'intégralité de sa matière se désagrège en poussière et retourne se réinsérer à la terre. La tradition hébraïque également se rapproche des traditions de l'Asie, et est adepte des doctrines qui concernent la réincarnation des âmes après la mort.

Ecclésiaste 12/6-7 : Souviens- toi de ton créateur avant que le cordon d'argent ne se détache, que le vase d'or ne se brise, que la cruche ne se casse à la source et que la poulie ne tombe, rompue dans le puits, 7) avant que la poussière ne retourne à la terre, comme elle était, et que l'esprit ne retourne à Dieu, celui qui l'a donné !

Les cinq sens : la vue, le toucher, le goût, l'ouïe et l'odorat appartiennent aux deux niveaux du plan humain "Corps et Âme". L'âme est la fonction vitale par excellence et la vraie raison de notre existence. À défaut, nous négligeons le sens interne spirituel au profit des sens que nous appelons externes humaines et naturelles, contraires à toutes vérités divines qui nous invitent à réexaminer, discerner et concevoir que le royaume de Dieu et sa parole s'adressent, non au corps, mais à l'Âme pour être réellement éclairé et participer avec Foi à ce réalignement vital. De ce fait, les yeux du corps humain sans l'âme ne peuvent pas voir, ni avant et ni après sa mort, chacun de ces sens existe uniquement par l'énergie de l'Esprit de l'Âme vivante.

Genèse 2/17 : mais tu ne mangeras pas de l'arbre de la connaissance du bien et du mal, car le jour où tu en mangeras, tu mourras.

Cette parole est très claire, sortir du jardin d'Éden "pleine conscience de Dieu" équivaut au domaine du principe de la mort spirituelle : (toutes maladies, sphères de stérilité). De manger le fruit dans une rébellion de désobéissance va nous faire sortir de la volonté de Dieu du Gan "jardin" d'Eden.

Si l'on regarde d'une perspective divine, l'idée de mort est notre séparation de l'unique œil de l'Esprit de connaissance de Dieu. Le fait d'avoir mangé le fruit de l'arbre de la connaissance, aveuglèrent Adam et Ève de la grande lumière pour régresser et sortir du champ divin. Cependant, une fois recouvert de peaux, hors du "Gan Eden" leurs Âmes abandonnèrent Dieu, de ce fait, leur fonctionnement se transforma en dualité d'aptitudes de sens, telles que deux yeux, deux oreilles, une pensée pour une parole différente etc....

Pour chacun d'entre nous, "il faudrait ? " retrouver Dieu faire demi-tour, s'affranchir "des contraintes des dogmes religieux et communautaires au même prix qu'Abraham ; "le *Lekh Lekha*" va vers toi-même, vers ton être le plus élevé, l'intérieur qui est encore connecté avec Dieu par la voix du cœur. Dieu lui demande de s'émanciper de son père idolâtre, de partir en se laissant inspirer par l'Esprit Saint, et ses intuitions personnelles.

ABRAHAM : אַבְרָהָם Père élevé : Père des Nations

AB : אַב Père

RAM : רָהָם Être élevé (sémitique occidental)

Genèse 12 (Gateway version chrétienne) : 1) L'Éternel dit à Abram : Va-t'en de ton pays, de ta patrie, et de la maison de ton père, dans le pays que je te montrerai.

2) Je ferai de toi une grande nation, et je te bénirai ; je rendrai ton nom grand, et tu seras une source de bénédiction.

Les différentes traductions de l'hébreu disent : Rachi « Va pour toi » Chouraqui « Va vers toi ». Je préfère la traduction de Rachi, bienveillante dans son intention de guidance. De toute façon, il faut partir pour devenir ; le chemin du "Salut" est personnel afin de demeurer au sein du royaume de Vie céleste sur terre.

Pour reprendre les points principaux de l'âme et développer sa structure originelle par les écritures bibliques :

Genèse 2/7 : IHVH-Adonaï Elohîms forme le glébeux Adam, poussière de la glèbe (argile) Adama. Il insuffle en ses narines haleine de vie ; et c'est le glébeux, un être vivant.

L'Âme : Du latin anïma "souffle air vent"... voir animé, animation et surtout animal. L'Âme est une Essence transparente, de création Divine du plan intérieur de notre relation avec Dieu. Cette puissance de Vie ne peut en aucun cas se rendre visible ni s'y extraire, elle est une énergie de Vie divine qui anime le corps, comme une chose unique que Dieu a créée. Le principe de l'âme vivante, est libre dans sa propre volonté et responsable de son corps. L'âme à sa convenance s'adapte selon l'humeur du jour, à obéir d'un commun accord avec l'esprit ou bien malencontreusement l'ignorer, pour s'assumer librement par une attitude bestiale (instinctive), avoir des états d'âme si bien que l'Homme va dépendre de la condition de son Âme. Ce point va identifier son individualité, l'instruction et l'éducation ajusteront son épanouissement, ou bien la détruiront ; l'avenir de son état d'âme parlera de lui-même.

Thessaloniciens 5/23-24 : Que le Dieu de paix vous conduise lui-même à une sainteté totale, et que votre être, l'esprit, l'âme et le corps, soit conservé irréprochable lors du retour de notre seigneur Jésus-Christ ! 24) Celui qui vous appelle est fidèle, c'est lui qui le fera.

L'âme est l'archétype féminin extérieur qui est sorti du plan divin, évidemment, il faut considérer que chaque tradition à une conception bien différente de l'âme. Notre âme est appelée "néchama" en hébreu parce que Dieu insuffle "nasham" la Vie dès notre arrivée sur cette terre. En grec pneuma (souffle) et latin spiritus (âme qui a formé cette confusion entre l'Âme et l'Esprit par son nom.)

Pour la tradition hébraïque, l'âme humaine se détermine sous cinq nivaux particuliers, ci-dessous :

Nefesh est le niveau le plus bas, elle représente l'âme la plus proche de l'Homme, elle est la conscience du "corps", sa propre vibration énergétique en force vitale (souffle de Vie). Enfin, cette partie en fin de Vie se détache, et sans elle le corps s'éteint, se décompose en poussière.

Roua'h : le deuxième niveau de conscience supérieure, se manifeste dans les émotions, l'intelligence et la volonté. Il correspond au niveau du monde angélique, la révélation de Dieu, lieu du combat spirituel entre la "chair et l'esprit", il représente le domaine du nouveau converti.

Neshama : le troisième niveau correspond au niveau du monde des âmes, de l'analyse de l'intelligence "Binah" qui a fait le choix de l'Esprit pour communier avec son Créateur, pénètre la vérité des écritures et se retrouve dans "J'ai été crucifié avec Christ ; et si je vis, ce n'est plus moi qui vis, c'est Christ qui vit en moi ; si je vis maintenant dans la chair, je vis dans la foi au Fils de Dieu, qui m'a aimé et qui s'est livré lui-même pour moi. Je ne rejette pas la grâce de Dieu " ; (galates2/20)

'Haya : le quatrième niveau correspond au niveau du monde de l'émanation, sphère de la connaissance absolue et compréhension de la sagesse de Dieu. Ici l'âme est habitée et remplie du Saint-Esprit "Chokmah", il n'y a plus de quête du soi (l'égo), 'Haya est l'épanouissement de l'amour Divin inconditionnel. Dans ce degré, nous nous trouvons dans la sphère Kether de l'Arbre de Vie, l'âme 'Haya mesure toute la plénitude de l'Esprit-Saint dans sa relation avec Dieu.

Ye'hida : il est le cinquième niveau le plus haut, je ne suis pas certaine qu'on puisse l'atteindre de notre vivant. Du fait que nous sommes liés par le cordon d'argent ; ce principe d'Âme attachée à Dieu, issue de l'Éternité, demeure dans les cieux. Néanmoins, selon la condition de l'état de notre Âme après la mort, il correspond aussi au niveau du monde de l'émanation sublime de Christ (l'Adam Kadmon) reflet de la lumière originelle (Or Ein-Sof).

Le bien suprême de l'âme est la connaissance de Dieu ; et la vertu suprême de l'Âme, c'est connaître Dieu. "Baruch Spinoza".

L'esprit du croyant est tellement submergé et enseveli par son Âme qu'il lui est impossible de discerner si quelque chose "fait et circonstance" résulte de son esprit ou de son âme. Les deux domaines se confondent, en premier lieu l'Esprit Saint de Vie, son unique fonction était de nous remplir de connaissance et de Vie de Dieu dans notre âme. Par suite de la séparation avec le Divin, l'intelligence, la volonté et les émotions ont pris place puis ont envahi la sphère de l'âme. Ceci nous amène à considérer l'égarement de notre humanité de son éloignement de "l'Essence-Ciel" qui tire son origine de l'arbre de Vie de toute sagesse Divine.

L'inexactitude aujourd'hui du langage du mot ESPRIT, égard à notre discernement dans le domaine spirituel biblique. Nous pouvons remarquer que le mot esprit est utilisé notamment pour penser, "avoir de l'esprit", "mon esprit divague" etc... Souvent dans nos discours, nous confondons l'intelligence et l'esprit, l'amalgame se traduit entre l'âme et l'esprit. Il est important de noter que nous ne connaissons pas avec notre intelligence, mais que cela provient d'une intuition de l'Esprit. En revanche, nous comprenons avec notre intelligence et nous connaissons avec l'esprit. Dieu est omniscient, rien n'est caché devant sa face, "Il sait tout. Il voit tout. Il entend tout." Tout ce qui trouve "existence" émane de lui.

1 Corinthiens 2/11-12 : Lequel des hommes, en effet, connaît les choses de l'homme, si ce n'est l'esprit de l'homme qui est en lui ? De même, personne ne connaît les choses de Dieu, si ce n'est l'esprit de Dieu. 12) Or nous, nous n'avons pas reçu du monde, mais l'esprit qui vient de Dieu, afin que nous connaissions les choses que Dieu nous a données par sa grâce.

L'Esprit : est la conscience de l'Homme du bien et du mal, inscrit en nous par la communication de son Esprit-Saint avec Dieu, aussi relié par ce fil d'argent. La tradition judéo-chrétienne mentionne que nous sommes des nomades, des voyageurs limités dans le temps. Maintenu à l'existence par le même principe de notre monde, qu'un fœtus lié à la Vie par son cordon ombilical ; le cordon d'argent rattaché à Dieu par l'Esprit-Saint. Toutefois, si celui-ci le Roua'h "souffle de Dieu", se reconnaît dans l'Âme de la personne qui se retire du corps charnel à sa mort. Dans Romains 8 il dit : "Pour vous, qui ne vivez pas selon la chair, mais selon l'Esprit, si du moins l'Esprit de Dieu habite en vous."

Ecclésiaste 12/6-7 : Alors le fil d'argent se détache, la coupe d'or se brise, la jarre pleine d'eau se casse, la corde du puits se détache. 7) La poussière retourne à la terre d'où elle vient, le souffle de vie retourne à Dieu qui l'a donné.

Le cordon d'argent est représenté comme une relation vitale, qui relie le corps matériel humain à son corps subtil "Âme-Esprit", il se sépare de lui quand le lien avec le cordon d'argent est coupé. Plusieurs récits de personnes qui ont subi une EMI (Expérience de Mort Imminente) témoignent de son existence puis ont reconnu le cordon, mais l'identifiaient plutôt en substance fibreuse filiforme, ressemblant au fin fil d'une toile d'araignée. Pénétrer par une force énergétique lui donnant un reflet argenté. Ce cordon reliait le corps éthérique "Âme" au corps physique de l'humain, il avait un aspect très extensible en s'allongeant puis se rétrécissant indéfiniment ; étrangement au rythme des mouvements. Pensez-vous que le cordon argenté est rattaché au nombril à l'image du cordon ombilical humain… ?

Mon intuition profonde me prédisposerait à me concentrer davantage sur l'âme, que le corps pour cette interrogation, vu que nous invoquons le cordon subtil. Néanmoins, je présume que nous sommes rattachés par ce magnifique cordon "l'Esprit dans l'âme" par le cœur. Toute la doctrine chrétienne manifeste sur le devenir existentiel commun, nous invite à nous séparer de notre nature possessive humaine et charnelle (ces codes moraux et modes évolutifs) : ensuite de rompre avec le cordon fœtal du principe féminin, d'une scission intégrale. J'insiste d'une façon exhaustive ; pour adhérer au cordon d'argent subtil et divin, source d'énergie et d'Esprit de Vie. Pour conclure, l'œuvre "Eucharistique", s'approprier à l'image du Christ à "la Pâque Juive" ; Il prit la transsubstantiation "du pain et du vin" pour nous libérer de cette entité extérieure féminine "Eve" en nous "humain, animal".

Hébreu 4/11-12 : Efforçons-nous donc d'entrer dans ce repos, afin que nul ne succombe, en imitant cet exemple de désobéissance. 12) Car la parole de Dieu est vivante et efficace, plus tranchante qu'une épée quelconque à deux tranchants, pénétrant jusqu'à partager l'âme et l'esprit, jointures et moelles, elle juge les sentiments et les pensées du cœur.

Tout comme le peuple hébraïque, cette promesse de Dieu de rentrer et demeurer dans son repos concerne le dessein céleste pour toute l'humanité. Si par la désobéissance, nous nous sommes égarés loin de sa paix, de sa tranquillité, l'épée de l'esprit de Vie, "sa parole" guérit et nous rétablit dans sa vérité. Comment ? :

Toutefois, si nous sommes capables de nous approcher avec humilité et combattre notre chair, en nous préparant à obéir humblement et d'accepter l'enseignement de Dieu par la puissance de l'Esprit Saint. Ensuite, de sanctification en sanctification, atteindre une maturité dans la présence de la sainteté de Dieu. Il ne faut pas se décourager, mais avancer, Dieu "SE VIT" ; s'expérimente dans la connaissance entre ce qui est du niveau de l'âme et de l'esprit de Vie. Dieu a formé l'homme par la terre qui est extérieure donc matière "morte" et retournera à la poussière. Cependant, il souffla l'esprit de Vie dans ses narines, ici, nous avons l'âme vivante au sein même du corps. L'un ne peut pas exister sans l'autre (l'âme sans le corps et vice et versa.)

Genèse 2/7 : Dieu forma l'homme de la poussière de la terre, il souffla dans ces narines un souffle de vie et l'homme devint une âme vivante.

ADAM

Un après-midi, au cours de prières d'intercessions (prières en faveur des autres), je fus stupéfaite par la vision vraiment particulière que Dieu m'a communiquée. Pour la toute première représentation, j'aperçus une farandole de lettres hébraïques qui progressait vers moi en dansant. J'avais l'impression qu'il y avait une musique, un rythme sonore que je n'entendais pas, mais, le "son" les faisait bouger, danser ; elles étaient "joyeuses" et étincelantes de lumière. Dans l'étape suivante, je contemplais, à distance une petite forme identiquement lumineuse, qui avançait très lentement en s'élargissant de volume. Personnellement, je fus troublée par cette vision, puis confuse d'apercevoir et de discerner par la suite l'Arbre de Séphiroth tout en lumière scintillante, d'un blanc très clair. La stupéfaction fut mon sentiment premier, et dans la foulée, l'embarras m'envahit. A plus forte raison, la conception de ma foi en Jésus-Christ n'enveloppait, ni toutes ces lettres de l'alphabet hébraïque, ni cet arbre de Séphiroth qui ne pouvait pas "se ranger" dans la tradition chrétienne. Malheureusement, ces enseignements de la gnose "connaissances" ont été retranchés, inévitablement par certaines scissions avec le judaïsme, avant et après Jésus-Christ. Hélas la peur, l'inquiétude dans la détermination des premiers chrétiens, ont sûrement eu un besoin de se différencier de toute forme d'héritage hébraïque, qui a conduit le christianisme à se déraciner de sa propre source primordiale ; la sève de l'Arbre de VIE du judaïsme ... !!!

Je dois vous avouer que la vision de toutes ces lettres hébraïques et de l'Arbre de Séphiroth, m'ont complètement décontenancé, immédiatement je me suis attelée pour découvrir, toutes sortes de livres bibliques. Ensuite, ce fut le déclenchement de mes investigations pour l'intérêt de l'étude du livre Tanakh qui est l'acronyme de l'hébreu "Ta/Torah-pentateuque", "Na/Nevi'im-les prophètes" et "Kh/Ketouvim-les autres écrits", le Midrash, livre du Zohar puis des enseignements de différents rabbins d'Israël. Je fus transportée par l'exceptionnelle reconnaissance des révélations ; de tous les principes de corrélation de la relation Arbre de Vie à l'égard de l'expression puissante divine contenues dans les écritures de l'alphabet hébraïque.

Dans la civilisation monothéiste, la lecture relativement à l'interprétation de la Genèse a scrupuleusement été "proscrite", mal comprise et controversée ; elle a entraîné des chiismes parmi ces religions. La lecture littérale de ce texte biblique a gravement nui aux femmes, à leur féminité et à leur place au sein même de notre société. Autrefois, et également aujourd'hui, on couvre la femme, avec contrainte ou pas, d'un voile sur la tête pour traduire une attitude d'asservissement et de résignation pour toute forme de pensée et d'autorité, pour l'éclipser de toute instruction spirituelle. Mais encore de toutes occupations de haut rang dans la communauté, toujours positionnée au second plan, notamment sur le plan familial, personnel, "sa propre identité", professionnel et social.

L'origine de ce voile prend naissance dans la création de l'âme primordiale d'ADAM, cette âme adamique "féminin et masculin" prémisse dans l'engendrement de chaque individu créé par DIEU. Le voile s'exprime sur la position de l'esprit extérieur féminin "énergie" qui est en dehors, de l'autre côté, sortie de l'espace cœur "masculin" de l'âme d'Adam. En somme, je réitère, effectivement c'est bien le féminin qui est voilé de DIEU tandis que l'esprit "énergie" masculin, demeure à l'intérieur du cœur. Je souligne que l'on ne parle en aucun cas ni de l'homme ni de la femme, mais uniquement du féminin et du masculin dans l'être ADAM et c'est son propre féminin extérieur qui est voilé de Dieu. Au bout du compte, aujourd'hui également, le féminin extérieur de chaque individu est voilé de Dieu pour l'homme et la femme, cette logique est spirituelle et n'a aucun lien avec la femme, sans aucune critique le voile devrait se maintenir dans sa forme esthétique et non religieuse. Toutefois, je tiens à respecter toutes celles pour qui le voile est important à porter dans toutes les religions confondues.

Essayons ensemble, avec humilité, par une lecture textuelle, pour décrypter la Genèse, et pénétrons pas à pas, dans les révélations et les interrogations abyssales sur la pensée juive initiale dans un contexte judéo-chrétien. En premier lieu, la description d'Adam et Ève, envisagée d'abord de manière littérale et dogmatique, met en évidence notre méconnaissance. Elle relève d'une forme de naïveté qui nous incite à croire que nous ne pouvons pas nous approcher de Dieu autrement que par une voie décrétée religieusement. Pour toute écriture hébraïque, les lettres contiennent une puissance de lumière Divine, elles sont porteuses de vibration et de mémoire symbolique au sein de l'univers. Chacune de ces lumières reflète dans son ensemble, la manifestation de la cristallisation des différents aspects de la parole de Dieu. Les lettres sont des vortex d'énergie qui prennent forme quand ils descendent dans la matière, chaque lettre distincte sert de fil "rouge" conducteur pour atteindre la valeur profonde de la présence (Shékina) divine au cœur de toute chose. Cet "Alphabet Céleste" devient un phare sur notre sentier de vie et vice et versa, se trouve en mesure de cheminer vers notre source, "Le SEIGNEUR". Les lettres sont l'origine de tout fondement de guérison, un canal d'énergie et de force vitale de lumière guidés par la voie du souffle qui les transforme en flamme de vie. (La proclamation est fondamentale dans la religion.)

Dans la tradition hébraïque, il y a quatre niveaux de lecture du livre *Tanakh* "Ancien Testament de la Bible". Ces quatre niveaux peuvent également s'appliquer pour les chrétiens, principalement par l'enrichissement des christophanies dévoilées à travers une lecture plus étudiée du livre Tanakh-(Ancien-Testament). Nous considérons les différentes approches d'interprétation et de discernement dans l'intégralité des écritures judéo-chrétiennes. En outre, par l'intermédiaire de ces quatre repères codés (peshat, remez, drash et sod), aucune de ces lectures n'a la faculté de se proclamer unique en qualité de leur véracité, considérant que toute parole peut être contradictoire et ne peut se prévaloir les uns, des autres, du fait qu'elles soient exclusives au moyen de ces différentes lectures bibliques ci-dessous.

Peshat : littérale, sens plat et simple première lecture.

Remez : allégorie, allusion.

Drash : recherche des racines primaires, le sens indirect et figuré.

Sod : aspect mystique, sens dans le secret et la sagesse divine de ce qui est caché, voilé.

Cependant, au cœur même de la tradition chrétienne, la politique et le pouvoir ont tellement pris le contrôle sur les esprits et le comportement des croyants. Durant des siècles ; toutes formes de groupes de pensée ésotérique provoquaient suspicion et danger. Le croyant a été soumis à un "formatage" religieux et identitaire extérieur qui l'a déraciné de sa source primordiale : Dieu en nous. La hiérarchie religieuse dans les religions a toujours eu le pouvoir de gouvernance et d'autorité sur toute morale ; tout d'abord sur la liturgie des textes sacrés, ensuite sur les différents cultes jusqu'à l'organisation de notre propre vie.

Le terme "s'éloigner de Dieu" apparaît avec Caïn juste après le meurtre, par jalousie pour son frère. Dieu Eloïms est "éh'ad" qui signifie "Un" dans son unicité, en conséquence chaque être humain, au même titre, à l'image de Dieu, doit redécouvrir son unicité dans sa propre identité et développer sa personnalité. En second lieu, ne pas la prédéfinir à travers l'amour et le regard de l'autre, de même en se comparant sans cesse à autrui ; mais tout simplement s'identifier par la connaissance du divin en nous-mêmes.

Caïn (קין) Artisan- forgeron (sens du prénom possession, du verbe avoir). Caïn correspond à la Isha "féminin-extérieur", assujetti à toute forme d'influence et de pulsion émotionnelle négative qui vont le propulser à accomplir un horrible homicide sur son frère et de surcroît : étant donné qu'aucun regret ni repentance ne s'est trouvé en lui, cela a conduit Caïn à prendre ses distances avec Dieu, puis s'en éloigner et construire des villes.

Genèse 4/8-14 : (version Chouraqui) de l'hébreu.

Caïn dit à Abel, son frère...Et c'est quand ils sont au champ, Caïn se lève contre Abel, son frère, et le tue. 9) IHVH-Adonaï dit à Caïn ; "où est ton frère Abel ? Il dit : "je ne sais pas". Suis-je le gardien de mon frère, moi-même ? 10) Il dit : "qu'as-tu fait" ? La voix des sangs de ton frère clame vers moi de la glèbe. 11) Maintenant tu es honni plus que la glèbe dont la bouche a bée pour prendre les sangs de ton frère de ta main. 12) Oui, tu serviras la glèbe : elle n'ajoutera pas à te donner sa force. Tu seras sur la terre mouvante, errant". 13) Caïn dit à IHVH-Adonaï ; " mon tort est trop grand pour être porté.14) Voici, aujourd'hui tu m'as expulsé sur les faces de la glèbe. Je me voilerai la face contre toi. Je serais mouvant, errant sur la terre : et c'est qui me trouvera me tuera".

Ici Caïn se révolte contre Dieu, quand bien même, il demeure le seul responsable et l'unique coupable d'une attitude de menteur et de jaloux meurtrier ! De plus, je tiens à souligner, puis considérer le verset suivant, qu'il n'y a aucune loi du talion. Dieu mentionne qu'il n'est en aucun cas pour la peine de mort comparativement au meurtre de Caïn et bien au contraire ! : (verset : 15 ci-dessous)

Et l'Éternel lui dit : c'est pourquoi quiconque tuera Caïn sera puni sept fois. Et l'Éternel mit un signe sur Caïn, afin que quiconque le trouverait ne le tuera point.

Eve et Caïn ont une fondation d'origine commune qui est l'autre côté de la dualité celle qui est "féminine" comme le souligne Eve dans

Genèse 4/1 : Adam pénètre Hava, sa femme, enceinte, elle enfante Caïn. Elle dit "j'ai eu un homme avec IHVH-Adonaï" (version Chouraqui), et ne l'a pas précisé pour le frère Abel ?

Caïn fut à l'origine du comportement meurtrier, s'octroyant le droit d'ôter la vie de son propre frère. Cependant, ce geste découle de la même transgression et du même manquement charnel, qui remontent à sa mère Ève "חַוָּה-Hawa", issue de la cristallisation de l'Isha (féminin) représentant l'autre côté extérieur de la toute première " VIVANTE" originelle de la création, la "FEMME". La description de la manifestation d'énergie féminine extérieure provenant de l'âme adamique est constituée de l'union du "mâle : (zakhar : זָכַר) et femelle : (néquéva : נְקֵבָה)". Celle-ci revêtue de peau, prend forme sous l'apparence d'un être authentiquement FEMME de principe : (mâle et femelle).

Genèse 3/20-24 : Adam appela sa femme Eve, car elle devait être la mère de tous les vivants. 21) L'Eternel Dieu fit des habits en peau pour Adam et pour sa femme, et il leur mit. 22)

L'Eternel Dieu dit : "voilà que l'homme est devenu comme l'un de nous pour la connaissance du bien et du mal. Maintenant, empêchons-le de tendre la main, de prendre aussi de l'arbre de vie, d'en manger et de vivre éternellement !" 23) Ainsi, l'éternel les chassa du jardin d'Eden pour qu'il cultive la terre d'où il avait été tiré. 24) Après avoir chassé Adam, il posta à l'est du jardin de l'Eden les chérubins qui agitent une épée flamboyante pour garder le chemin de l'arbre de vie.

ABEL- הֶבֶל EVEL" souffle-air-buée (sens du prénom une âme et aussi le verbe être). Abel personnifie le masculin (Ish) cet être intérieur. Le hé (ה) signifie fenêtre. Cette lettre fait partie des plus importantes dans l'alphabet hébreu, elle est mentionnée deux fois dans le tétragramme du nom de Dieu en hébreu (Yahvé : : (יהוה il collabore au souffle de la respiration, afin de permettre toute la transmission du principe de l'essence Divine en soi ; ce qui nécessite un renoncement et un abandon personnel, du lâcher-prise environnemental et émotionnel. Le hé (ה) qui tient son origine de l'alphabet phénicien représentant un battant ajouré d'une porte ou d'une fenêtre. Ce battant permet de laisser pénétrer l'air du dehors et la lumière ; il exprime aussi une bouche qui permet de réaliser le souffle de la respiration dans notre corps. Cet air commun à tous, nous connecte à la dimension de la nature de l'univers et symbolise l'Energie cosmique fondamentale de la présence de Dieu en toute chose, cette loi Divine ancestrale de l'amour que rien n'est séparé. La fenêtre peut également identifier l'ouverture de notre âme au Divin à l'image de notre bouche et nos poumons au passage de l'air que nous respirons pareillement à la démarche de la prière qui forme en nous ce (hé) cette fenêtre. Cette ouverture nécessite une attitude passive un désintéressement de nos désirs et passions en conséquence une résignation consciente et volontaire, un véritable effort et non naturel d'ouverture spirituelle. Ce chemin initiatique du sacrifice de l'égo par la pénétration du souffle du Divin en soi, s'abandonner à l'illusion d'être séparé des autres, puis se soumettre à la réalité que tout est interdépendant, tout est connecté, et tout est Unité. Cette lettre Hé est l'ouverture qui nous accorde la capacité à accepter l'Esprit Saint, de nous instruire à une connaissance de sagesse Divine et d'accueillir cette nourriture (manne) spirituelle que Dieu dispose en notre faveur. Cette lettre se montre en question "pourquoi ?", une interrogation de l'esprit qui apparaît cherchant la vérité de tout ce qui bloque et ferme notre esprit. Elle devient le miroir de Dieu à travers le conscient pour nous faire renaître dans un esprit renouvelé de plus en plus aéré et régénéré par le souffle de l'Esprit de Dieu.

ABEL la lettre beth (ב) représente le temple, la maison lui-même sa propre habitation.

La lettre Lamed (ל) signifie étude de ce qui est céleste et est associée à la connaissance des études qui nous dévoilent les sciences cachées de l'univers et du EIN-SOF (infini) qui se rattache à Dieu. Elle est la seule lettre qui surpasse au-delà du ciel : dans (Esaïe 40/28 il dit qu'on ne peut sonder Dieu). Le Lamed (ל) est le partenaire des chercheurs-euses.

La connaissance des livres sacrés a une part importante au sein de la communauté juive, contrairement à d'autres nations ; cela fait complètement partie de la culture hébraïque ; le savoir de ces sciences spirituelles a toujours existé parallèlement à d'autres domaines tels que l'art, l'architecture, l'artisanat, la poésie et bien d'autres.

ABEL : symbolise également l'âme intérieure, gardien des valeurs (brebis), semences de Dieu en lui. Il est cet être élevé, égale à son identité divine, se soumettant à un principe supérieur d'une relation d'amour profond, d'une obéissance naturelle, comme une brebis à la voix bienveillante de son maître, répondant par le sacrifice de l'offrande qui était pré-inscrit inclusivement dans le cœur d'Abel, considérant la volonté de Dieu d'être inspiré par l'Esprit-Saint. Abel et Caïn représentent notre dualité du bien et du mal, notre côté charnel et impulsif (animal) de Caïn, sensible au regard de l'autre, toujours en compétition, demeurer dans le faire, contrairement à Abel, son frère, qui symbolise l'être confiant et paisible conforme à son nom (ABEL).

Il est temps de restituer la relation intimiste de (l'intérieur) sans crainte aujourd'hui et en toute liberté, à l'étude de la pensée ésotérique qui définit la doctrine des choses intérieures « ESO » : en dedans (Dieu au milieu de nous, Dieu EN NOUS) :

Ephésiens chapitre 2 verset 22 : « En lui, vous êtes aussi édifiés pour être une habitation de Dieu en Esprit. En qui vous êtes édifiés ensemble, pour être un Tabernacle de Dieu en esprit. En qui, vous aussi, vous êtes édifiés ensemble, pour être une habitation de Dieu par l'Esprit."

1 Corinthien 3 verset 16 : « Ne savez-vous pas que vous êtes le temple de Dieu, et que l'Esprit de Dieu habite en vous ? »

L'introduction du Tanakh (Ancien Testament), débute avec le mot hébreu Berechit : au commencement, en tête ou dans le principe (traduction de différentes versions). Dans le sens de lecture Drash : nous pouvons examiner :

Beth : ב

Réchit : ראשית

Roch : **ראש**

Bereshit : **בראשית**

Vous pouvez trouver le B (ב) séparé du "Réchit" dans certaines versions : "B.réshit". Le B se prononce Beth qui est la deuxième lettre de l'alphabet hébraïque, qui définit la maison, le sanctuaire, notre intériorité "nous-mêmes".

 Si B (ב) est la deuxième lettre de l'alphabet, nous observons à ce moment-là, une dualité dans l'entité même de la lettre Beth. Le paradoxe se distingue que la Torah ne peut débuter le livre sacré, prophétique par une dualité telle que le Beth, qui représente l'humain. En revanche, les rabbins affirment, évidemment que l'Aleph, qui représente la lettre A, existe bel et bien, et est placée avant le Berechit. La lettre A, en même temps muette et invisible, incarne Dieu (Élohims) caché dans le principe du *Ein-sof*. L'aleph est l'expression en hébreu de l'infini, du sans fin ; le EIN-SOF est l'abîme, l'obscurité, tout ce qui n'est pas révélé. Dans la pensée juive, cette lettre "A" évoque la Genèse par une rétraction (le Tsimtsoum) du Dieu Élohim à l'image d'un enfantement de l'univers. Elle porte l'emblème du taureau ou du bœuf avec les deux cornes, dans l'apocalypse 1/8 il dit : je suis le commencement Aleph en hébreu et le TAV "grec alpha-oméga". La lettre Aleph représente les entrailles de l'infini "Ein-sof", elle est formée de trois lettres sacrées qui symbolisent Dieu. Cette Trinité dans sa complétude (le Père, Jésus et l'Esprit Saint), une puissance manifestée, qui est son souffle Divin. Pour le peuple hébreu, l'Aleph plus le Beréchit contient toute la Torah, c'est l'essence de la représentation des prémices de la bénédiction de toutes existences, de l'œuvre complète du plan de DIEU transmise comme une semence dans sa création ; s'ensuit, tel un déroulement de l'épanchement des secrets révélés du cœur d'Élohim.

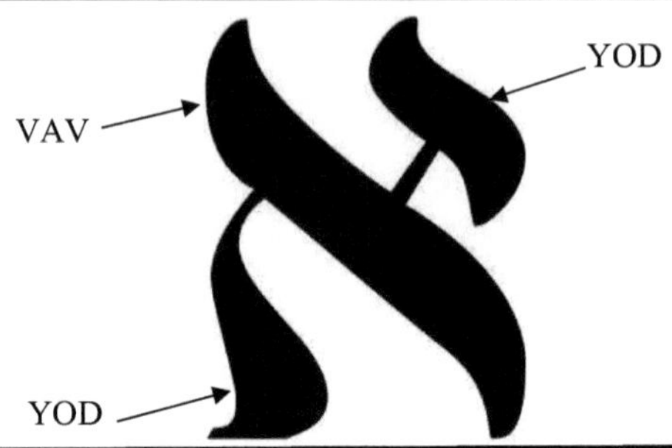

1) Le YOD (: (' La semence, (la main de Dieu dans la prophétie manifestée de ce qui est céleste), est égale à la semence qui féconde l'Arbre de Vie et concrétise son élévation. Il figure également dans la réalisation de ces projets par sa main : de ce qui est en bas, sur la Terre. Le yod (') se trouve parmi les bénédictions reçues au quotidien. Il symbolise l'action du Saint-Esprit entre ciel et terre, il demeure la plus petite lettre de l'alphabet hébraïque en revanche, il est l'élément constitutif de toutes les autres lettres de l'alphabet et enfin, il est le centre du cercle de la création.

2) Le VAV (: (ן Il relie le Ciel à la Terre, il unit Dieu à l'homme, il est l'alignement sacré, la verticalité, la droiture dans notre conscience, mais encore toute la colonne verticale de notre existence. Le VAV (ן) reflète et habite au sein même de la révélation divine. Les prophètes sont conduits par la lettre VAV (ן) elle représente l'allongement du yod non la main ; mais le bras du seigneur. Le VAV (ן) l'archétype du Christ personnifié dans la fonction de celui qui est devenu la prophétie vivante des œuvres de Dieu sur terre.

3) l'ALEPH (: (א Cette lettre s'incarne dans la trinité : le Père, le souffle l'Esprit créateur et le potentiel divin, Les deux Yod, celui du haut et celui du bas dans la lettre Aleph représentent les deux semences "la main de Dieu" de ce qui est sur la terre par le petit yod du bas. Puis, elle est la complétude de DIEU de ce qui est la semence Yod (') du haut. Nous avons au centre de la lettre aleph le VAV, qui matérialise toute la corrélation de la réalisation du plan Divin sur terre dans les textes sacrés. Pour les chrétiens l'Aleph exprime la puissance de la Trinité dans

la plénitude du Dieu le Père, Dieu le Fils et Dieu le Saint-Esprit également au sein des écritures du Tanakh "Ancien-Testament."

Jésus déclare avec une intensité inhabituelle :

Matthieu 5/17-18 "Ne pensez pas que je sois venu pour abolir la loi ou les prophètes : je ne suis pas venu pour abolir, mais pour accomplir ; 18) car, en vérité, je vous dis : Jusqu'à ce que le ciel et la terre passent, un seul iota ou un seul trait de lettre ne passera point de la loi, que tout ne soit accompli."

La lettre grecque (iota) représente le Yod (ʾla plus petite lettre de l'alphabet. En hébreu Jésus révèle dans ce passage toute l'importance des lettres hébraïques utilisées dans l'Ancien-Testament pour révéler toutes les subtilités et nuances par lesquelles le Saint-Esprit souhaite nous dévoiler l'expression, les lettres et les mots du langage d'Eloïm, puis toute la puissante dimension céleste de son royaume divin.

L'apôtre Jean introduit également dans son Évangile, à travers le mot béréchit "au commencement", le premier mot de son chapitre 1/1 pour nous révéler la Trinité, par l'Aleph qui est le logos, le Verbe, la parole originelle "CHRIST".

 Jean 1 verset 1 à 4 : « Au commencement "Beréshit" était la Parole ; et la Parole était auprès de DIEU ; et la Parole était DIEU. 2) Elle était au commencement auprès de DIEU. 3) Toutes choses furent faites par elle, et sans elle pas une seule chose ne fut faite de ce qui a été fait. 4) En elle était [la] vie, et la vie était la lumière des hommes. »

 Exode 33 verset 18- 20 : Moïse dit : fais-moi voir ta gloire ! 19) L'Eternel répondit : je ferai passer devant toi toute ma bonté, et je proclamerai devant toi le nom de l'Eternel ; je fais grâce à qui je fais grâce, et miséricorde à qui je fais miséricorde. 20) « L'Éternel dit : Tu ne pourras pas voir ma face, car l'homme ne peut me voir et vivre. »

Le mystère de la déité monothéiste dévoile Élohims à travers la singularité des étincelles de la révélation de son Essence qui a trait uniquement pour le projet et son seul but fondamental la vie : et la vie en abondance pour TOUS ! Il est exceptionnel dans une entité trinitaire (le Père, le Fils et le Saint-Esprit), par lequel toute sa perfection s'exprime à travers l'étendue de sa souveraineté de siècle en siècle dans son ultime volonté. Nous contemplons qu'UN seul et Unique dessin en lui, qui subsiste dans sa gloire, et à l'intention dans notre destinée sur terre et éternelle.

Matthieu 6 verset 10 : « Que ton règne vienne ; que ta volonté soit faite sur la terre comme au ciel. »

Psaumes 143 verset 10 : « Enseigne-moi à faire ta volonté ! Car tu es mon Dieu. Que ton bon esprit me conduise sur la voie droite ! ».

Tout d'abord, nous distinguons, au sein même des écrits du livre de la Genèse, les descriptions du 1er chapitre jusqu'au verset 4 du 2ème chapitre, les indices sémantiques sur les différentes parties qui conduisent à une scission temporelle entre la création des attributions d'âme d'ADAM Kadmon spirituel. Ensuite, plus tard, après le verset 4 du chapitre 2, dans un espace-temps différent, Dieu créa l'être humain Adam harishon identique dans l'âme, au modèle céleste "féminin/masculin". Toutefois, en raison de sa désobéissance, il ne put rester dans le Gan Eden. Cette âme, Dieu l'a séparée puis cristallisée en la couvrant de peaux, afin de les matérialiser en créant deux corps humains, Adam et Ève sur terre.

1) -Les conclusions de chacune, des 6 jours de la création, incluant tant sa propre volonté et son perfectionnement, que tout était excellent et suprême !

2) -Le 7ème jour, Élohim mena son achèvement par un shabbat sanctifiant et bénissant son œuvre, néanmoins, le verset 1 du chapitre 2 dit : " Et les cieux et la terre furent achevés et toute leur armée." Nous soulignons qu'il parle d'armée et qu'il parachève quelques versets plus bas, verset 4 : "Ce sont ici les générations des cieux et de la terre lorsqu'ils furent créés, au jour que l'Éternel Dieu fit la terre et les cieux".

3) Nous considérons que la première partie de la création se termine ici chapitre 2 versets 4 ! ; du fait qu'elle est du domaine du vivant et d'une création céleste homologuée au (verset 30 chapitre 1), il avait déjà créé l'Homme "mâle-femelle" et il dit :

4) « À tous les animaux de la terre, à tous les oiseaux du ciel, à tout ce qui va et vient sur la terre et qui a souffle de vie, je donne comme nourriture toute herbe verte ». De plus, il réitère trois fois : faisons l'homme à notre image. Le pluriel de cette phrase d'Élohims en hébreu, nous révèle la Trinité existante et antérieure à la création dans les versets 26 et 27 chapitres : 1) ; avec toute autorité, sur toute création, incluant comme fondement initial la vie et le genre "mâle-femelle".

אדם : ADAM

אד : ED   vapeur-brume

דאם : DAM   sang

Cette conception personnelle peut être présomptueuse, mais elle demeure respectueuse et sincère, sans désobligeance, et bien sûr à développer. Cependant, nous observons un morcellement illogique des chapitres 1 et 2 de la Genèse. A partir du Chapitre 2 verset 5; Élohims dépeint une nouvelle terre complètement chaotique sans aucune vie, zone "un no man's land" pareillement à la planète Mars, dépourvue d'eau infertile par l'absence de l'omniprésence "shékina" du Saint-Esprit, sans lui tout est stérile et désertique ; puis soudainement, nous lisons :

- Genèse 2 verset 6 : (traduction de l'hébreu torah) : Mais une exhalaison s'élevait de la terre et humectait toute la surface du sol.

Spirituellement, nous pouvons considérer que cette substance (Ed- אד) est à l'image d'une puissance de vie, de la visitation de l'esprit de Dieu sur cette nouvelle terre, mais en aucun cas, la terre est décrite comme comparable à celle du premier chapitre possédant l'émanation de l'Essence de vie divine. Selon la tradition hébraïque en ce qui concerne la Genèse, les rabbins nous présentent une altérité de deux structures complètement différentes des cieux et de l'univers. Une création des cieux parfaite, mais qui demeure dans le Ein-sof (le sans-fin), l'obscurité non révélée qui est ensuite celle du bas notre monde riche de divergences.

ICH	איש	Masculin
ICHA	אשה	Féminin
ESH	אש	Feu

<u>Dans le masculin Ish :</u> (איש) La première lettre représente l'Aleph dieu.

Au centre se trouve la lettre YOD (י) qui est la main et la semence divine.

La troisième lettre est un SHIN (ש) Le trident, feu divin force vitale et la puissance du Saint-Esprit, cette lettre est inscrite sur les tefillins (phylactères constitués de deux petits boîtiers contenant quatre passages bibliques attachés au bras et à la tête en cuir noir sur les personnes religieuses juives.)

<u>Pour le feu Esh</u> (אש:) Aleph et Shin

<u>Dans le féminin Isha</u> (אשה) : Aleph Shin Hé

La première lettre Aleph (א)

La deuxième lettre est (שׁ) énergie divine.

La troisième lettre est un hé (ה) qui est une porte (fenêtre) ouverture en haut à l'extérieur).

Les trois mots débutent par un Aleph donc par DIEU.

La caractérisation des noms Ish (אשׁ) masculin et Isha (אשׁה) féminin dans la puissance de l'âme "Adamique", comporte l'ESPRIT "Esh l'Energie feu" à l'intérieur de chacun d'eux. La semence divine prend place et y demeure à l'intérieur de l'esprit (Energie) masculin ; tandis que pour l'esprit (énergie) féminin, une porte s'ouvre à l'extérieur et peut-être influencée même, séduite par toutes forces externes à sa propre volonté. Cette énergie féminine peut pénétrer par cette ouverture de la même manière, la séduction s'opère au niveau du degré du deuxième ciel. C'est un domaine où les Esprits (énergies) dominent ; spécifiquement le féminin (Isha) en notre âme, va être contaminé par l'intermédiaire des mauvais Esprits "l'influence démoniaque". Nous distinguons cette particularité qui repose sur l'individu propre à l'homme et à la femme ; l'Ancien-Testament lu dans son alphabet initial "l'hébreu", aurait simplifié la compréhension holistique de l'âme d'adamique relative à l'âme de l'être Humain.

Selon la tradition hébraïque en ce qui concerne la Genèse, les rabbins nous présentent une altérité de deux structures tout à fait différentes, entre les cieux et l'univers. Une création des cieux parfaite, tandis que notre propre univers est un monde débordant de divergence.

Pour Adam des Cieux : celui du Haut nature parfaite néanmoins non physique, a pour nom en hébreu Adam Kadmon (homme primordial suprême) qui représente l'âme, une structure de l'être humain, genre androgyne (féminin-masculin), demeurant perpétuellement dans sa divinité. Dans la tradition Chrétienne, il représente le reflet de la transfiguration du Christ dans le logos (la parole) et dans son état de résurrection magnifié de puissance de lumière de Vie, qui s'incarne dans Adam Kadmon qui est également personnifié par l'arbre de Séphiroth de lumière " que Dieu m'avait révélé en vision". Cet arbre de vie et de connaissance comporte des degrés d'ascension spirituelle portée par un chemin de vie initiatique. Dans l'hébreu, "Arbre" signifie conseil, et la traduction de Séphiroth : (puissance créatrice censée émaner d'une énergie universelle). Nous apercevons des analogies tout au long de la lecture de la Bible (Tanakh et Évangile), à travers certaines subtilités Théophanies et plusieurs Christophanies par lecture "sod" de ces textes.

ADAM KADMON (קַדְמוֹן אָדָם) : Genèse 1/26-27 : faisons l'Homme à notre image, à notre ressemblance de surcroît. Qu'ils dominent sur les poissons de la mer, sur les oiseaux du ciel, sur les bestiaux sur toute la terre et sur les reptiles et les insectes. 27) Dieu créa les Hommes pour qu'ils soient l'image de Dieu. Il les créa homme et femme.

Cette première configuration de la création du monde et du rayonnement des étincelles lumineuses des Séphiroth qui tirent leurs origines du Ein Sof (infini) et ont établi dans toute l'allégorie de cet arbre de Vie, l'interprétation des attributs du royaume de Dieu. L'univers d'Adam Kadmon est le plus haut fondement de conscience de la nature Humaine ; il contient le potentiel dans l'unité totale "connaissant" de la lumière primordiale divine. Naturellement, je vais simplifier dans les termes de cet ouvrage et ne pas aller dans des descriptions trop savantes et compliquées, que nous retrouvons malheureusement trop souvent dans les écrits spirituels, mais en aucun cas en soustraire la profondeur de la révélation de l'arbre de Vie (Séphiroth) pour la rendre accessible à tout à chacun. Notre compréhension en tout premier lieu ne peut se distinguer malheureusement qu'à partir d'Adam Kadmon qui est issu du (Ein-Sof) de par son nom "infini". Nous ne pouvons absolument pas en saisir ni la nature ni la pénétration de l'illumination non révélée. En hébreu, il est désigné Adam ELYON qui veut dire l'homme d'en haut et en Araméen Adam (Ila'a) l'homme suprême. C'est ici tous les différents degrés de la création des cieux, et de tous les êtres spirituels qui nous ont été dévoilés dans les écritures saintes.

Adam Harishon (הָרִאשׁוֹן אָדָם) humain primordial : Genèse 2/7 :

L'Éternel Dieu façonna l'homme au moyen de la poussière du sol, il lui insuffla dans les narines le souffle de Vie et l'homme devint un être vivant.

Adam Harishon : est la création de l'humain premier homme du bas (la terre) formé de ha'adamah la terre rouge d'où est tiré son nom. Pour comprendre le jour de naissance d'Adam Harishon, il convient de s'orienter à la tradition hébraïque concordant à la fête de Roch-Hashana, l'âge de la création du premier être humain, Adam Harishon évolue annuellement dans la date du calendrier hébraïque ; c'est un anniversaire qui symbolise également la souveraineté d'Adam Kadmon des cieux, en qualité de ROI suprême omniscient, omniprésent et omnipotent de par sa capacité à gouverner et guider l'humanité. Pour le peuple hébreu, c'est également une prise de conscience spirituelle, de se préparer à la purification par la repentance des péchés ; au moyen de prières et rituels, mais encore, de réitérer son engagement à un cheminement d'une existence plus vertueuse. Ainsi, reconsidérer son approche envers Dieu pour se préparer à la grande cérémonie du Yom Kippour "jour du grand pardon", en faveur d'une foi plus élevée de sorte plus véritable.

Adam Harishon est la première âme terrestre, asexuée avec un pôle féminin et un autre masculin qui contient en lui toutes les âmes engendrées pour réaliser uniquement la divine volonté originelle, excellente et pérenne de Dieu. Sa partie masculine appelée "ish" possède dans sa semence la nature des attributs de Dieu qui demeure à l'intérieur du cœur d'Adam Harishon. En second lieu, son versant féminin "Isha" l'autre côté, extérieur au cœur dans l'âme, un réceptacle (סְקִי) qui accueille, dans la capacité de percevoir l'extériorité.

Le Serpent Nachach (נָחָשׁ) n'est pas décrit au début du livre de la Genèse dans sa forme animale, cependant, il représente un esprit, une énergie vocale qui exerce une influence sur les deux pôles d'Adam (féminine et masculine). Il existe à travers l'esprit de l'arbre de la connaissance et étrangement, il ne faut surtout pas en manger le fruit ! Pour la tradition hébraïque, l'arbre veut dire "conseil" et en manger signifie recevoir la lumière "de cet arbre". Ce serpent a muté hors du jardin d'Éden, il devient "malédiction, l'esprit du mal" dans ce monde et cristallisé en reptile rampant. Nous sommes dans un langage spirituel qui dévoile différents degrés cachés de la Genèse.

Le tableau emblématique de cette chute mémorable à l'intérieur du Gan Eden par lequel, l'intervention complexe et l'opiniâtreté du serpent à inculquer des voies contraires à celles de Dieu pour tomber dans l'extériorité. Actuellement, notre dualité s'inscrit par le même fondement originel, principalement d'une identité masculine, résultant de ces propres racines issues des attributs de Dieu. En contrepartie, le féminin continuellement subit dans sa condition originelle puis s'abandonne vouée, malheureusement à toutes sortes de tentation... Ce féminin entraîne ses cinq sens, son intelligence et sa volonté vers l'extériorité, dans un abaissement excessif, maladif et même mortel très loin de la verticalité de Dieu. Ce domaine de "connaissance/conseil de cet arbre" qui n'a pas son ascendance en Dieu et qui prend source de l'extériorité aboutira à ce que l'on nomme souillure et souffrance. Nous comprenons que le maudit serpent se trouvait déjà, au préalable, entre les deux pôles (mâle et femelle) et deviendra la racine de tous les maux. Ce moyen de disculpation de toute notre désobéissance à faire face à la vérité et aux devoirs, nous renvoie à notre humanité lâche de prendre en main toute notre responsabilité. La malédiction fut la conséquence de la désobéissance, par laquelle le domaine du jardin de l'Éden se matérialisa en une transmutation de paradigme. Ainsi, toute l'intériorité de l'âme de l'humain Adam Harishon "mâle-femelle" en un versant ; homme "ADAM" et de son autre côté femme "EVE" et non "sa côte" la première vivante, comme le prétendent certains courants chrétiens, puis le serpent voix inconsciente cette puissance d'esprit rusé devient une malédiction un animal rampant prophétisé dans la Genèse chapitre 3.

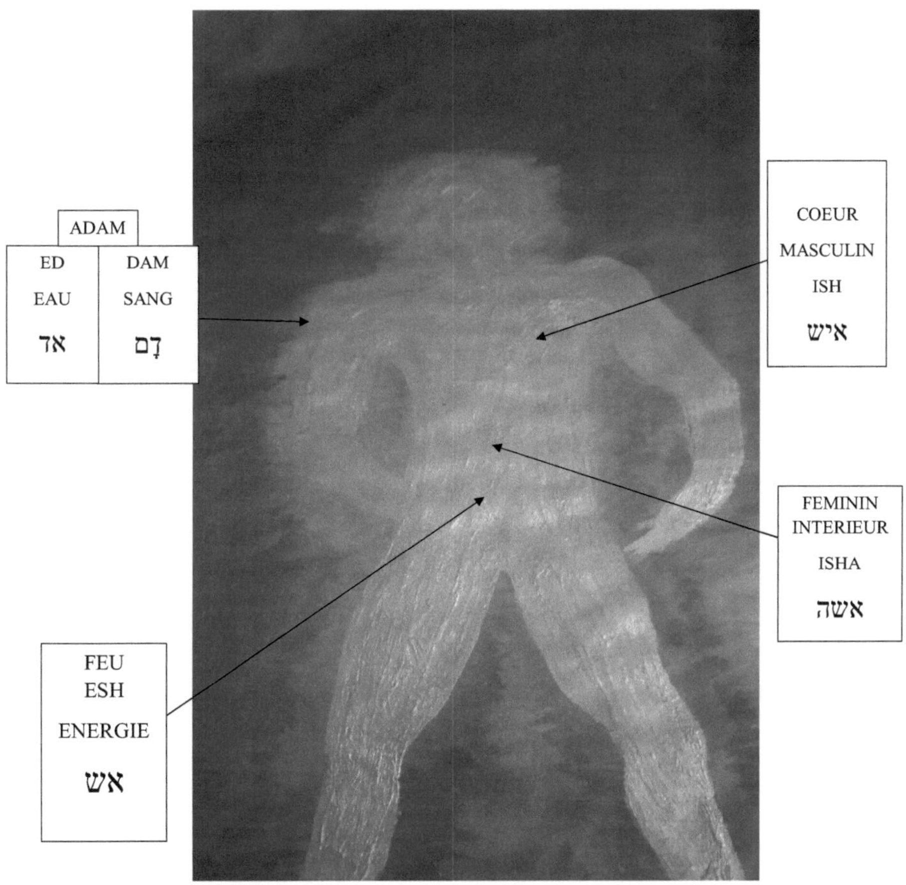

ADAM : CELESTE

א A/dieu   dam/sang   Ed/eau

"Christ"

L'arbre de Séphiroth

L'arbre de Vie ETZ HAYIM עץ החיים

L'arbre de Vie apparaît dans la liturgie juive, mettant en valeur toute l'envergure d'un condensé de différentes sphères à travers la symbolique des attributs de Dieu qu'elles incarnent ; elles sont référencées dans leurs rituels "cultes et prières", qui célèbrent la vie et la sagesse de chacune d'elles. Le diagramme de l'arbre de Séphiroth "singulier Séphira" se compose de dix configurations de sphères d'état de transformation de conscience rajoutant ces vingt-deux chemins. L'Esprit Saint appelé "flux énergétique" correspond aux dix réceptacles Séphirotiques qui déterminent les différents aspects de notre vie, notamment le flux (Esprit-souffle) circulant pour alimenter les uns aux autres par les vingt-deux lettres de l'alphabet ce qui nous fait (10+22=32). Dans la gématria (forme d'étude approfondie (exégèse) propre à la Torah dans laquelle on additionne la valeur numérique des lettres et des phrases afin de les interpréter) ; le mot cœur se dit LEV (: (לַב la lettre L= LAMED ((30 ל plus la lettre B =BETH (2 (ב "les voyelles ne sont pas incluses", trente-deux sentiers qui ont qu'une seule source le cœur. Cette voie initiatique plus qu'un symbole fondamental, est un moyen de s'approcher par le biais d'une compréhension expérimentale, puis d'une acceptation d'interdépendance entre le Divin à sa création "intérieur/soi-même". Chaque sphère (Séphira) contient un principe d'élévation ; elle comporte une immense puissance initiale d'émanation de vie et de lumière Divine, afin d'accompagner par un engagement personnel à une réalisation d'un processus de métamorphose par l'enseignement et l'expérience tout au long de notre existence. L'Arbre de Vie est le Tronc intérieur de l'Arbre d'olivier nommé Israël, la lecture et la compréhension de ce schéma "de l'arbre de vie" à une perspective d'interprétation uniquement spirituelle :

Romains 11/17-20 : 17) Israël est comme un olivier auquel Dieu a coupé quelques branches ; mais toi, non juif, il t'a greffé parmi les autres branches, comme une branche d'olivier sauvage ; tu profites maintenant de la sève montant de la racine de l'olivier. 18) C'est pourquoi, tu n'as pas à mépriser les branches coupées. Comment pourrais-tu te vanter. Ce n'est pas toi qui portes la racine, mais c'est la racine qui te porte. C'est pourquoi, tu n'as pas à mépriser les branches coupées. Comment pourrais-tu te vanter ? Ce n'est pas toi qui portes la racine, mais c'est la racine qui te porte.19) Tu vas me dire : « Mais, ces branches ont été coupées pour que je sois greffé moi-même. » 20) C'est juste. Elles ont été coupées parce qu'elles ont manqué de foi, et tu te tiens là en raison de ta foi. Mais ne t'enorgueillis pas ! Fais bien attention plutôt.

La sève de l'arbre de Vie est à la fois la source nourricière maternelle de ce breuvage d'étincelles de sagesses spirituelles qui se distingue par un sens inversé et dégressif. Elles s'interprètent par la voie chrétienne en s'engageant du réceptacle spirituel (N°1 la Malkuth le royaume) ; effectivement quitter le concept humain égocentrique afin d'atteindre le réceptacle (N°10 le Kether la couronne) issue du Ein-Sof (infini). Dans l'idée de s'assujettir à la réalisation de (Je vis, mais ce n'est plus moi, c'est le Christ qui vit en moi) n'est plus moi qui vis mais Christ en moi) Galates 2/20

 L'arbre de vie évoque un prisme céleste qui nous permet à travers ces multiples facettes d'accéder à diverses compréhensions métaphysiques et d'appréhender l'approche de notre propre dépouillement intérieur de notre "ETRE charnel" extérieur. Nous examinons que notre marche s'enracine dans le royaume Malkuth Céleste et s'élève jusqu'à la couronne Kether de l'infini.

Matthieu 7/13-14 : Entrez par la porte. Elle est grande la porte, il est large, le chemin qui conduit à la perdition ; et ils sont nombreux, ceux qui s'engagent. 14) Mais elle est étroite, la porte, il est serré, le chemin qui conduit à la vie ; et ils sont peu nombreux, ceux qui le trouvent.

L'arbre de Séphiroth hébraïque a été révélé par des connaissances de la gnose ancienne, référentielle aux livres de Nag Hammadi. Le mystique juif au cours du XIIIe siècle, Azriel de Gèrone, est le premier à publier un ouvrage sur "l'arbre de Vie séphirotique", étude de l'école juive de Catalogne en Espagne. Son schéma de lecture des Séphiroth s'interprète de "un à dix" et le contraire de "dix à un" pour les chrétiens. Il est crucial de comprendre : toutefois, a posteriori, CHRIST l'a incarné en évoquant qu'il est la porte vivante entre le ciel et la terre, intégrant tous les différents degrés de perfectionnement qu'il a engendrés à la ressemblance d'ADAM KADMON. Jésus nous propose un cheminement spirituel de vie, et nous transmet la connaissance de la révélation des étincelles de l'arbre de Séphiroth par son Esprit Saint. Néanmoins, les passages dans ce texte, Christ nous souligne que ce chemin correspond initialement aux personnes qui ont été touchées préalablement, puis ont également ; avant toute chose, entendue et cautionné l'appel. Appartenir au royaume céleste sur cette terre est une Voie de long cheminement du pèlerin et nomade dans l'âme, déterminé à se laisser façonner et sanctifier par Dieu puis abreuvé chaque jour par l'eau de son Esprit saint, pour demeurer puis s'épanouir dans plus d'authenticité près de "Lui" au sein de son royaume.

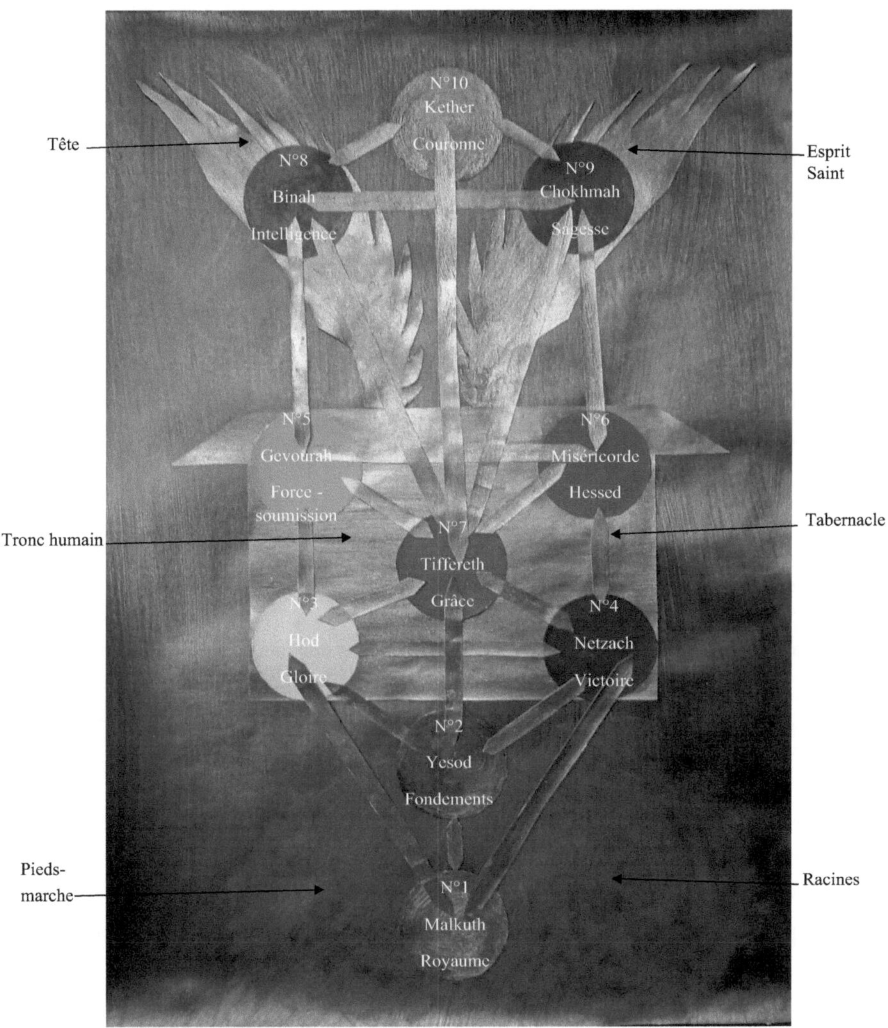

Tête
Esprit Saint
N°10 Kether Couronne
N°8 Binah Intelligence
N°9 Chokhmah Sagesse
N°5 Gevourah Force - soumission
N°6 Miséricorde Hessed
Tronc humain
Tabernacle
N°7 Tiffereth Grâce
N°3 Hod Gloire
N°4 Netzach Victoire
N°2 Yesod Fondements
Pieds-marche
Racines
N°1 Malkuth Royaume

N°1) SEPHIRA MALKUTH מַלְכוּת

Royaume

Le Royaume des cieux est un gouvernement céleste, une monarchie d'Eloims qui est descendue pour se répandre dans notre immense univers, du macrocosme au microcosme. Je m'explique : le royaume de Dieu macrocosme "Malkuth" se manifeste et peut exister uniquement dans la profondeur de notre âme notre cœur microcosme, seulement à travers une conversion, un demi-tour vers Dieu par la Foi.

Mattieu 6/33 : Continuez à chercher d'abord le Royaume et la justice de dieu, et toutes ces choses vous serons ajoutées.

Dieu nous sollicite ardemment pour que le royaume des cieux devienne notre priorité et notre réalité chaque jour, qu'il s'est lui-même approché de nous pour nous libérer de nos mensonges psychiques et nous guérir dans :

Luc 10/9 il dit : guérissez les malades qui s'y trouvent, et dites-leur : Le royaume de DIEU s'est approché de vous.

La Malkuth est le royaume Divin sur terre, elle entraîne un changement de paradigme dans son essence spirituelle de l'ancienne alliance où Dieu se manifestait au sein du peuple hébreu par l'intermédiaire du Saint-Esprit à travers les Rois, les Prophètes, les Sacrificateurs (prêtres). Aujourd'hui, le royaume de Dieu est en nous par la nouvelle alliance celle-ci dans : Jérémie 31/31-34 : (version Darby) 31)"Mais des jours viennent, dit l'Eternel, ou moi, et j'établirai avec la maison d'Israël et avec la maison de Juda une nouvelle alliance, 32) non selon l'alliance que je fis avec leurs pères, au jour où je les pris par la main pour les faire sortir d'Egypte, mon alliance qu'ils ont rompue, quoique je les eusse épousées, dit l'Eternel 33) Car c'est ici l'alliance que j'établirai avec la maison d'Israël, après ces jours-là dit l'Eternel: je mettrai ma loi au dedans d'eux, et je l'écrirai sur leur cœur, et je serai leur Dieu, et ils seront mon peuple. 34) Et ils n'enseigneront plus son prochain, et chacun son frère, disant : Connaissez l'Eternel ; car ils me connaîtront tous, depuis le petit d'entre eux jusqu'au grand, dit l'Eternel ; car je pardonnerai leur iniquité, et je ne me souviendrai plus de leur péché.

Et dans le Nouveau Testament ; 1 Corinthiens 3/16 dit : Ne savez-vous pas que l'Esprit de Dieu habite en vous ?

Luc 17/21 dit : On ne dira point ; il est ici : il est là. Car voici, le royaume de Dieu est au milieu de vous.

La structure des Séphiroth est un modèle d'universalité et d'individualisation de la religion "religare-lier-attacher à Dieu" pour tout à chacun. Nous considérons l'équivalent de la mort à soi-même, de même à travers le concept du "djihad" pour les musulmans, hélas, qui n'a jamais cessé d'évoluer au cours de l'histoire, comme pour toutes les religions. Pour ma part je me cantonnerais plutôt à son interprétation de résistance intérieure dans le sens du combat engagé contre soi-même qui fut prédominant pendant des siècles et non contre l'ennemi extérieur.... Pour le bouddhisme la véritable purification des péchés afin de déraciner les vues et les attachements erronés de notre éducation et culture, consiste à accumuler la connaissance intérieure avec la pleine conscience et le renoncement de toutes souillures qui sont à l'origine de tous les péchés jusqu'à ce qu'il mène à la connaissance du chemin sacré. Le développement de la pleine conscience jusqu'à l'entrée dans la voie de purification des péchés. La réincarnation dans l'hindouisme, il s'agit surtout du but dans la vie de l'adepte : la Voie de la " MOKSHA" qui sont des degrés de repentance pour leur délivrance. Par contre, d'après la tradition hindoue, l'homme qui a manqué sa délivrance dans des doctrines de réincarnation doit parcourir un cycle infini de "re-naissances" dans d'autres conditions que celles humaines avant d'y accéder à nouveau. Pour ma part, je ne m'attarderai pas sur le sujet de la réincarnation dans la tradition hébraïque ou d'autres courants qui ne m'ont jamais interpellé ; je n'irai pas plus loin.

Le réceptacle de Malkuth et de Kether englobe toutes les Séphiroth, elles appartiennent toutes au royaume des cieux. Dans la guématria "science hébraïque des numéros et des lettres", Séphira Kether 10 devient Malkuth 1 et vice versa, puis si l'on replie l'arbre de la façon accordéon en zigzag, les deux subliment dans leurs réalisations de mutation de peaux du pèlerin, les différents vêtements "attributs de Dieu", de plus en plus élevés et lumineux de pleine conscience au sein du royaume jusqu'au couronnement.

La Malkuth royaume des cieux représente Ève l'épouse, l'inconscient extérieur, qui doit retrouver son chemin pour épouser Adam, qui correspond à la chokhmah "sagesse", conscience intérieure.

N°2) Séphiroth : Yesod יסוד

Fondements

L'armure spirituelle du croyant se définit par Yesod : après la déchirure du voile du parvis du "lieu Saint" à celui du "Saint des Saints", temple qui séparait l'humanité de la présence de Dieu à Jérusalem, dans le temple et dans le Céleste. Le fondement Yesod du croyant est essentiellement attaché aux valeurs du royaume des cieux, et non aux valeurs de l'extérieur de ce monde. L'amour, la vérité et la justice sont les "codes et bienséances", enseignés par l'Esprit Saint, à travers les Saintes Écritures.

Ephésiens 6/14-17 Tenez donc ferme : ayez à vos reins la vérité pour ceinture ; revêtez la cuirasse de la justice ;15) mettez pour chaussure à vos pieds le zèle que donne l'Évangile de paix ;16) prenez par-dessus tout cela le bouclier de la foi, avec lequel vous pourrez éteindre tous les traits enflammés du malin ;17) prenez aussi le casque du salut, et l'épée de l'Esprit, qui est la parole de Dieu.

Pour les Juifs aujourd'hui, tel que l'enseigne le Zohar, "la présence Divine "Shékina" n'abandonnera jamais le Kotel ha-Maaravi et que, par conséquent, il ne sera jamais détruit." Cet endroit est le mur des lamentations, la seule façade qui est restée debout du deuxième temple. Ce mur imposant fut l'emplacement le plus proche de l'ancien "Kodesh ha Kodashim" le Saint des Saints.

Semblable à ce mur épais figé, le voile de la religiosité a cristallisé la "Shékina" présence de Dieu dans ce lieu. Avant tout, si Dieu a conservé uniquement, ce mur épais de la séparation du Saint des Saints, rien n'est en vain ! Cette symbolique antinomique renversante de ce mur a divisé en séparant les juifs de la voie christique par laquelle il a "Déchiré le Voile", libéré l'humanité en révolutionnant par l'Esprit-Saint. Le fondement YESOD s'exprime en s'appuyant sur l'accomplissement du voile déchiré du Saint des Saints, réconciliant le royaume des cieux à l'humanité, Dieu en nous !

À ce stade, nous sommes dans les balbutiements de la merveilleuse ébauche que notre Dieu décline devant nous, par amour pour sa création. Les préliminaires de notre cheminement à compter de cette Séphira Yesod, présentent d'abord notre désir de se laisser transformer dans notre marche avec DIEU sur terre. Le mot Yesod se compose d'un Yod : (י) la semence, la main de Dieu, et de sod en hébreu veut dire "secret". Ici se trouvent les prémices de la révélation du toucher divin, dans l'Évangile de :

2 Thimothé 2/19 : Néanmoins, le solide fondement de Dieu reste debout, avec ces paroles qui lui servent de sceau : Le Seigneur connaît ceux qui lui appartiennent ; et : Quiconque prononce le nom du Seigneur, qu'il s'éloigne de l'iniquité.

Jean 6/44-45 : il dit : Personne ne peut venir à moi, si le père qui m'a envoyé ne l'attire, et moi, je le ressusciterai au dernier jour. 45) il est écrit dans les prophètes : ils seront tous instruits par Dieu lui-même. Quiconque a entendu le Père et reçu son enseignement vient à moi.

 De sorte que tout découle de Dieu, si notre foi n'est pas enracinée en Christ ressuscité, elle est vaine. L'affiliation à la doctrine judéo-chrétienne et à l'Arbre de la Vie évoluera en une mystique chimère irréalisable à partir de ses propres forces, puis devenir des croyants désenchantés tristes à mourir, de surcroît encore plus dangereux des extrémistes suprémacistes de tout bord, d'autant plus que la Torah et les Évangiles l'anticipent en nous mettant en garde dans les textes :

Le Roi David dans : psaumes 118/22-23 : 22) La pierre qu'ont rejetée ceux qui bâtissaient, Est devenue la principale de l'angle. 23) C'est de l'Eternel que cela est venu c'est un prodige à nos yeux.

Sur cette parole, que DIEU consacra et édifia son tabernacle de Vie, de sacrificateur de Dieu sur terre, dans l'iconographie de mort du tombeau fraîchement construit, tout neuf que Nicodème avait réservé pour Jésus-Christ. L'entrée de ce royaume des cieux est "ce tombeau", pour que chacun d'entre nous devienne cette pierre angulaire. Jésus est celui qui ouvre la porte (de notre sanctuaire) avec des anges établis à l'entrée, assis sur la porte ouverte, nous invitant comme "Hôte". C'est sur ce fondement (Yesod) qui est repris avec Le Christ dans l'Évangile de :

Matthieu 21/42-44 : Et Jésus ajouta : 42) N'avez-vous jamais lu dans les écritures : la pierre rejetée par les constructeurs est devenue la pierre principale, à l'angle de l'édifice ; c'est le seigneur qui l'a voulu ainsi et c'est un prodige à nos yeux ? 43) Voilà pourquoi je vous déclare que le royaume de DIEU vous sera enlevé et vous sera donné à un peuple qui en produira les fruits. 44) Mais celui qui tombera sur cette pierre-là, se brisera la nuque, et si elle tombe sur quelqu'un, elle l'écrasera.

Ces textes illustrent qu'Elohims est le prestigieux architecte de notre demeure, il est l'édification de notre temple interprétant toute notre spiritualité, qu'elle prend source en LUI, "DIEU". Le tabernacle que Moïse et les fils d'Israël ont bâti sous la direction et l'ordre de l'Éternel afin d'illustrer, dans sa projection, l'ombre des choses à venir :

Hébreu 8 verset 3-5 : Tout grand-prêtre, est établi, pour présenter à Dieu des offrandes et des sacrifices. Il faut donc que notre grand prêtre aussi ait quelque chose à présenter. 4)S'il était sur terre, il ne serait même pas prêtre. En effet, ceux qui présentent des offrandes conformément à la Loi sont déjà là. 5) Ils sont au service du sanctuaire qui n'est qu'une image, que l'ombre du sanctuaire céleste. Moïse en a été averti au moment où il allait construire le tabernacle : aie bien soin dit le seigneur, de faire tout conformément au modèle qui t'a été montré sur la montagne.

Une configuration par la marche des sacrificateurs hébreux (prêtres) les Lévites qui transportaient le tabernacle, évoquent les 2 Séphiroth inférieures ; la MALKUTH, est le tabernacle recouvert d'or fin et la sphère YESOD dans la symbolique de l'ouverture de l'immense voile en or fin dans le temple, qui maintenait la séparation entre le lieu Saint, et le lieu très Saint. En second lieu, par lequel s'achemine dans une lutte de confrontation mouvementée, afin de résister à l'intérieur de notre temple humain face aux 5 autres Séphiroth HOD, NETZACH, TIFERETH, GUEVURA, HESSED. Les deux chérubins en or posés sur le haut du tabernacle, similaire à l'image dans les Evangiles, les deux anges assis sur la pierre du tombeau de Jésus-Christ semblent marquer la démarcation spirituelle entre le domaine Saint Céleste de Dieu et le domaine du bas (le monde) : et enfin, marquer l'espace divin du triangle de tête, les séphiroth KETHER MALKUTH et BINAH, les réceptacles de la Trinité.

Ce réceptacle Yesod (fondement) s'apparente à une personne disposée pour s'élever dans le royaume des cieux, tient par la main un bouquet de ballons multicolores bien serrés pour prendre son envol. Cette figuration des différentes sphères de réalisation de la volonté de Dieu à concrétiser courageusement dans sa propre vie. C'est également l'enracinement de son identité par la Foi d'une relation dépendante à son Dieu, de par ce qu'il révèle dans la présentation de son Être Divin (âme) et des dessins prédestinés pour son existence. Le nom de Tsadik (juste) s'attribue déjà à partir de cette sphère, parce que nous avons décidé d'obéir aux saintes écritures pour faire de Dieu, notre Dieu. Autant la sphère Malkuth que Yesod deviennent nos racines spirituelles : tout comme (Malkuth-kether) sont deux sphères du EIN-

SOF (infini) de Elohims Royaume Divin, ensuite Yesod vient se greffer sur Malkuth pour devenir son fondement, ses racines profondes, de l'arbre de Vie.

N°3) SEPHIRA HOD

הוד   Gloire

N°4) SEPHIRA NETZACH

נצאש   Victoire

Le Rabbin Rehoumaï dit : Kavod (gloire) et Lev (cœur) sont une seule et même chose. Seulement le terme Kavod est employé lorsqu'on parle des œuvres qui se font en haut, tandis que le terme de "cœur" est employé lorsqu'on parle des œuvres qui se font en bas. Les unes désignent "la Gloire de son nom" et les autres " le cœur des cieux".

La Gloire est le signe distinctif de la présence de Dieu. Jean dans les évangiles dit : "Si tu crois, tu verras la Gloire de Dieu.". C'est la perfection de sa manifestation, par sa force et sa joie, son amour inconditionnel visible au fur et à mesure que l'on approfondit l'expérience de vie avec Dieu. La Gloire de Dieu est souvent représentée par la totalité de la grandeur et la beauté de la nature. Rendre Gloire à Dieu, est de reconnaître sa suprématie sur toutes choses et dans toutes circonstances de notre vie, et également, que nos motivations prennent source en Lui.

1 Corinthiens 3/10-11 : Selon la grâce de Dieu qui m'a été donnée, j'ai posé le fondement comme un sage architecte, et un autre bâtit dessus. Mais que chacun prenne garde à la manière dont il bâtit dessus. 11) Car personne ne peut poser un autre fondement, savoir Jésus-Christ.

Je voulais préciser avant de me diriger vers ces nouvelles Séphiroth HOD et NETZACH, qu'elles subsistent uniquement si la sphère YESOD est existante. Elles correspondent à cette nourriture céleste (la manne) et la Shékina (présence divine de l'esprit Saint) pour réaliser l'apport d'une authenticité ; d'expérimentation de Hod (gloire) pour valider YESOD. Autrement dit s'il n'y a pas de réelle relation exclusive de se laisser pénétrer par le Seigneur , de voir et ressentir sa présence, ensuite discerner l'ensemble de ces intentions dans sa volonté. Ces éléments fondamentaux doivent être retenus ; sans cela, nous risquons de nous figer lamentablement dans une religiosité légaliste et morbide, ponctuée de discours impératifs tels que "tu dois" ou "il faut que". Par conséquent, je souhaiterais à présent regrouper la troisième Séphira HOD (gloire) et la quatrième Sephira NETZACH (victoire) pour exprimer une réelle vie éclatante avec le Dieu.

La parole de Dieu étudiée et prudemment utilisée par "l'Esprit de Vie" duquel, les intentions et motivations bienveillantes prennent leurs origines dans sa gloire ; considérant que toutes manifestations émanant de Dieu sont Glorieuses ! Depuis cette sphère de Hod "gloire", et grâce à une obéissance d'étape en étape, nous avançons dans la voie de Netzach "victoire" tout au long de ce périple du pèlerin. Ensuite, ce chemin nous amène à rester debout avec courage et humilité, afin de demeurer fermes face aux difficultés et d'y résister au moyen de principes de responsabilité et de vérités miroirs. Toutefois, avec humilité et sans nous en attribuer le mérite, nous devons ouvrir la porte de notre cœur pour reconnaître et permettre l'influence de la compassion de Dieu de se manifester avec Gloire. Hod et Netzach sont les premiers stades bienveillants du nouveau converti puis par la suite cela va se resserrer plus tard dans la sphère Guévura. La vie du croyant bascule et il se retrouve face à des responsabilités nouvelles.

Psaume 24/4-10 : Celui qui a les mains innocentes et le cœur pur ; celui qui ne livre pas son âme au mensonge, et qui ne jure pas pour tromper. 5) Il obtiendra la bénédiction de l'Eternel, la miséricorde du Dieu de son salut. 6) Voilà le partage de la génération qui l'invoque, de ceux qui cherchent ta face, de Jacob ! -(pause) 7) Portes élevés vos linteaux ; Elevez-vous portes Eternelles ! Que le Roi de Gloire fasse son entrée ! 8) Qui est ce Roi de Gloire ? L'Eternel fort et puissant dans les combats. 9) Portes, Elevez vos linteaux ; Elevez les portes éternelles ! Que le Roi de Gloire fasse son entrée. 10) Qui donc est le Roi de Gloire ? L'Eternel des armées : voilà le Roi de Gloire ! -(pause).

Cette bataille incessante du bien et du mal, se joue secrètement sous la « Houppa » de la gloire d'Elohims. L'intégralité de nos motivations et passions de ce Feu animal en nous ; chacun de nos engagements bafoués, par-dessus toutes nos transgressions et nos pulsions charnelles, semblable, à une démonstration de combat à la manière de Jacob dans cette nuit noire. Pour ainsi dire, au cœur même de toutes ces épreuves personnelles, il lutta victorieusement avec l'ange de Dieu duquel tout peut s'accomplir uniquement par Dieu. De surcroît, au-delà de la singularité des préceptes d'Elohims, il en résulte que tout affrontement, forcément triomphe pleinement "En lui", étant donné qu'il demeure l'Alpha-aleph (א) et l'Omega-tave (,(ת en nous éternellement. Notre engagement intime avec Dieu "à la verticale", s'établit dans une collaboration d'encouragement et persévérance de l'Esprit-Saint, pour subsister dans la ligne de conduite face au monde "horizontale" tout au long de notre existence.

1 Corinthiens 10/13 : Aucune épreuve ne vous est survenue qui n'ait été humaine ; or Dieu est digne de confiance : il ne permettra que vous soyez mis à l'épreuve au-delà de vos forces ; avec l'épreuve il ménagera aussi une issue, pour que vous puissiez la supporter.

1 Jean 5 versets 4 à 5 - Parce que tout ce qui est né de Dieu triomphe du monde ; et la victoire qui triomphe, c'est notre foi. Qui est celui qui a triomphé du monde, sinon celui qui croit que Jésus-Christ est le Fils de Dieu.

Je m'autorise aujourd'hui, à l'issue des corrélations de lecture de la Bible (Ancien et Nouveau Testament) à conduire cette association des deux réceptacles lumineux celui de "Hod et Netzach", exprimé par la tradition chrétienne et non, par le judaïsme qui ne se reconnaît pas, à travers l'immanence de la Grâce du Christ. "HOD", la Gloire de Dieu se caractérise par l'empreinte existentielle de "l'ONCTION du SAINT-ESPRIT" dans toutes circonstances, ainsi que toutes paroles inspirées de la volonté de Dieu, à travers l'expression de ces charismes.

N° 7) TIFERETH תִּפְאָרָה

Grâce-Beauté

Cette Séphira est exprimée par la beauté et la bonté pour les hébreux, mais personnellement, je l'inclinerais plus dans une intention de Grâce, car elle s'éprouve dans une perception intérieure puis s'observe dans sa quête de beauté pérenne et éternelle.

Tiféreth est l'équilibre entre l'intégration du Royaume des cieux, et la contemplation au sein du domaine de la conscience pure. Ce lieu de la beauté de l'être, redécouvrir à devenir une seule âme, une seule conscience dans toute cette création. C'est un état de grâce, une réconciliation entre Le Divin, l'Esprit et l'Âme. Le "roi et prophète" David l'exprime :

Psaumes chapitre 51 verset 10/12 : Oh Dieu crée en moi un cœur pur, renouvèle (nouveau départ-nouvelle naissance) en moi un esprit bien disposé. 11)Ne me rejette pas loin de ta face, ne me retire pas ton esprit-Saint. 12) Rends-moi la Joie de mon salut et qu'un Esprit de bonne volonté me soutienne !

Cette beauté intérieure nous établit dans un profond contentement à toutes circonstances d'épreuves, elle devient le centre de nos émotions ; une assurance en Dieu par cette alliance, toujours en collaboration avec l'Esprit-Saint comme le Roi David.

Dans les écritures sacrées, les Séphiroth constituent des lieux de Rendez-vous divins dans la vie de chaque prophète et personnage loquace, dans leur représentation métaphorique.

Genèse 28/10 : Jacob sortit de Beer Shev'a (le puits des serments, et le puits des sept) et se dirigea vers HARAM (lieu élevé).

Nous constatons que Dieu avait déjà, réservé ce rendez-vous Divin avec Jacob, par les symboles des noms choisis au préalablement des lieux. Beer Shev'a c'est un endroit prophétique, là où également une deuxième alliance s'établit pour Abraham avec Abimélec.

Genèse 21/ 30-34 : Il répondit : 'c'est que tu dois recevoir de ma main sept brebis, comme témoignage que j'ai creusé ce puits". 31) Aussi appela-t-on cet endroit Beer Shev'a, car là ils jurèrent l'un et l'autre. 32) Lorsqu'ils eurent contracté l'alliance à Beer Shev'a. Abimélec se leva, ainsi que Piykol son général d'armée, et ils s'en retournèrent. Au pays des Philistins. 33) Abraham planta un bouquet d'arbres à Beer Shev'a, et y proclama le seigneur, Dieu Eternel. 34 Abraham habita longtemps dans le pays des philistins.

C'est un point de rencontre, ou le masculin et le féminin vont se joindre pour fusionner en UN seul Être. La parabole avec Abraham et Abimélec (qui représente son féminin).

ABIMELEC : mon père le roi : אֲבִימֶלֶךְ

AB : Père : אָב

Meleck : roi : מֶלֶךְ

Abimélec s'est imposé avec ruse sur le trône, de la même façon, à l'identique avec stratagème et duperie ; de mème Abraham, par peur des représailles du roi a menti au sujet de sa femme Saraï et à prétendu qu'elle était sa sœur :

Genèse 20/ 2 : Abraham disait de sa femme Saraï," sa femme elle est ma sœur Abimélec roi de Guerar (signification lieu de logement), envoya prendre Saraï.

Dans ce texte, Abraham s'est trouvé face à son acolyte l'équivalent de son miroir caché. Abimélec "mon père roi", il porte la royauté dans son nom et ce n'est pas en vain, (tous noms hébraïques revêtent une portée spirituelle) il est le serpent Ouroboros "que je développerais ultérieurement" que Dieu a placé devant Abraham ; pour le préparer à rencontrer ses profondeurs en creusant ce puits. Dans cet illustre endroit "Beer Shev'a ", le gouffre de ce lieu pénètre toute la dimension de ses entrailles, de la fragilité de ces émotions, et de ces raisonnements pour booster sa Foi. C'est le commencement "Beréchit", de son engagement pour un accomplissement et la réalisation commune du projet Divin en Lui, en une germination intérieure (il y planta des arbres verset 33). Beer Shev'a, le lieu de la Séphira Victoire en devenir.

Tifereth a son emplacement volontairement au centre pour nous enseigner que l'arbre de Séphiroth est continuellement alimenté par la grâce Divine. Cette bénédiction, faveur imméritée de Dieu que nous observons elle se situe au centre tout comme : N°1 le royaume (Malkuth), N°2 le fondement (Yesod) et finalement N°10 le plus haut, le couronnement

(Kether), qui alimentent l'effusion de la GRÂCE par l'intérieur centrale et verticale de ces quatre sphères dominantes !!! Tiféreth s'élève en nouveauté de Vie et ne peut atteindre Dieu uniquement par cette même vertu qui est la grâce.

Jacques 1/17 : Toute la Grâce excellente et tout don parfait descendent d'en haut, du Père des lumières, chez lequel il n'y a ni changement ni ombre de variation.

Tifereth (grâce) s'inscrit dans l'inconditionnel de l'amour de Dieu, nous la vivons sans l'apercevoir, ou bien l'entreprendre par la foi lui donne l'occasion de se manifester. Son rayonnement s'illumine dans la sphère de sa bénédiction.

Nombres 6/24-26 : L'Eternel te bénisse, et te garde ! 25) L'Eternel fasse lever la lumière de sa face sur toi et use de grâce envers toi ! 26) L'Eternel lève sa face sur toi et te donne la paix !

PUITS : בּ א ר

L'analogie dans les mystères des sens

Le mot Puits en hébreu ancien : **BEER**

בּ beth : maison

א aleph : Dieu

ר resh : tête

La symbolique du puits dans la toute la Bible est dieu en nous, dans l'idée de la pensé et de la guidance à l'intérieur de toute notre Âme.

 Le petit-fils Jacob ressemblant à Abraham dans le même lieu ; trompa Abimélec ; affirmant par ce mensonge : "leur propres femmes étaient leurs sœurs" ; dans un espace-temps de deux générations. Si ce lieu fut nommé Beer-Shev'a par l'Éternel, nous devons découvrir le potentiel de ces événements. Beer-Shev'a (puits du serment, aussi puits des sept puits), un lieu élevé de révélation et de sagesse dans la mesure où ils ont été repris par DIEU, tous les deux (le Grand-père et le petit-fils) à l'image d'une malédiction générationnelle qui se répète.
Le premier puits a été creusé par Abraham qui a planté (n'oublions pas, un arbre veut dire " conseil » en hébreu) ; et semé pour les autres générations.

Le deuxième a été construit par ISAAC, il le nomma Beer-Shev'a du même nom que la ville ; ainsi, ce fut précisément ce puits qui préalablement avait été rebouché par Abimélec (l'Ouroboros, serpent Roi métaphoriquement eux-mêmes), leurs côtés distincts.

Pour Jacob, il sortit de Beer-Shev'a pour aller à HARAM (lieu très élevé), Dieu nous le précise qu'il va quitter ce serment, se promouvoir dans une autre grande prophétie plus élaborée (mentionnée quelles pages bas).

Jean chapitre 4/7 à 15

04) Or, il lui fallait traverser la Samarie. 05) Il arrive donc à une ville de Samarie, appelée Sykar, près du terrain que Jacob avait donné à son fils Joseph. 06) Là se trouvait le puits de Jacob. Jésus, fatigué par la route, s'était donc assis près de la source. C'était la sixième heure, environ midi. 07) Arrive une femme de Samarie, qui venait puiser de l'eau. Jésus lui dit : " Donne-moi à boire." 08) En effet, ses disciples étaient partis à la ville pour acheter des

provisions.09) La Samaritaine lui dit : « Comment ! Toi, un Juif, tu me demandes à boire, à moi, une Samaritaine ? » – En effet, les Juifs ne fréquentent pas les Samaritains. 10) Jésus lui répondit : « Si tu savais le don de Dieu et qui est celui qui te dit : "Donne-moi à boire", c'est toi qui lui aurais demandé, et il t'aurait donné de l'eau vive. » 11) Elle lui dit : « Seigneur, tu n'as rien pour puiser, et le puits est profond. D'où as-tu donc cette eau vive ? 12) Serais-tu plus grand que notre père Jacob qui nous a donné ce puits, et qui en a bu lui-même, avec ses fils et ses bêtes ? » 13) Jésus lui répondit : « Quiconque boit de cette eau aura de nouveau soif ; 14) mais celui qui boira de l'eau que moi je lui donnerai n'aura plus jamais soif ; et l'eau que je lui donnerai deviendra en lui une source d'eau jaillissant pour la vie éternelle. » 15) La femme lui dit : « Seigneur, donne-moi de cette eau, que je n'aie plus soif, et que je n'aie plus à venir ici pour puiser. »

Si le puits de Jacob revêt un caractère de conversion, de retournement intérieur vers DIEU (Téchouva) pour le peuple Hébreu. Ce lieu se trouvait dans la Judée, le paradoxe de l'approche de Jésus-Christ au contact de la femme samaritaine interroge ?

 1) L'interpeller directement, je présume qu'autrefois un homme ne pouvait pas bavarder aussi librement pour réclamer la moindre petite chose à une femme ; mais encore les deux peuples se trouvaient dans des relations extrêmement tendues !

 2) La rencontre fut autour de ce lieu historique, l'illustre puits de Jacob qui était très profond et complètement desséché. Là, il lui a quémandé de l'eau pour boire ; la samaritaine avoue toute sa difficulté à puiser de l'eau, le puits est presque vide. Là-dessus, avec assurance, Jésus lui révèle sans explication au préalable qu'il s'attribue et incarne cette eau vive !

Nous observons premièrement que cette source de vie, substance vitale apparaît dans toute la Bible comme un canal, un principe de Bénédiction. Cette personnalisation de Christ en cette eau-vive incarne la puissance de l'évolution de l'héritage de Jacob, par le lieu et encore, le puits. L'eau-vive se manifeste à travers les vertus de l'esprit-Saint, purificatrice telles que les ablutions rituelles, qui éliminent toutes infractions à toutes souillures de même, seule l'eau du baptême a ce pouvoir de laver tous péchés ensuite, nous régénérer. Elle opère une renaissance afin de nous rétablir, nous transformer en un "Être" né de nouveau.

Nous constatons également que Jésus n'était pas dans ce lieu, ni ne portait en lui un préjugé moralisateur à l'égard de la samaritaine qui avait des mœurs légères. Cependant, nous pouvons remarquer qu'en permanence, si l'Éternel dans ces écritures mentionne la gent féminine, c'est pour nous interpeller, de manière à souligner la symbolique du féminin extérieur et comprendre le langage singulier, spirituel de ses actes.

Evangile de Thomas dit logion 74-75 : Il a dit : "Seigneur, il y en a beaucoup autour du puits, mais il n'y a personne dans le puits." 75) Jésus a dit : "beaucoup se tiennent à la porte, mais ce sont les solitaires qui entreront dans la chambre nuptiale."

Ces versets expriment les actes manqués de personnes qui ont été touchées, près du but, pourtant se raidirent et après coup, s'entêtèrent à rester à l'extérieur du puits leur cœur fermé. Ils ne se laisseront, ni trouver ni épouser, par leur bien-aimé Dieu. Mathieu 22/14 dit qu'il y a beaucoup d'appelés, mais peu d'élus.

C'est le "flanc" de notre séparation féminine extérieure duquel, le seigneur désire nous rencontrer, l'héritage de Jacob a été dans la lignée féminine de Rivka (Rébecca lier/attacher) et c'est à elle, la femme d'Isaac que Dieu a révélé l'héritage du devenir "ISRAËL". Par la soumission et l'obéissance de Léa (qui signifie réception en hébreu), elle a sauvegardé la succession en engendrant la future "royauté d'Israël", et conservé jusqu'au Messie le plan parfait de la Royauté spirituelle. Pour le Roi David, son côté féminin s'inscrit par l'envie et la jalousie pour la femme de son officier URIE. Il demanda de le poster au premier rang afin de le faire tuer dans un effroyable combat avec l'ennemi. Il épousa sa femme Bethsabée "Bathsheba" (signification maison du serment), elle représente son puits, un lieu une étape, un temps d'épreuves, de douleurs puis de repentance, considérant qu'il avait perdu son fil nouveau-né dans "le psaume 51". Malheureux, il déchire son cœur en gémissant d'afflictions devant l'Eternel. David eut plusieurs concubines et femmes autour de lui, mais enfin, il n'avait d'yeux que pour Bethsabée qui enfantera l'héritier Salomon, qui lui-même bâtit le temple.

Des siècles plus tard, l'expression du puits réapparaît, dans le passage de la crucifixion du Christ au tombeau : "Matthieu 28/2-3" : Et voici, il eut un grand tremblement de terre ; car un ange du seigneur descendit du ciel, vint rouler la pierre, et s'assit dessus. 3) Son aspect était comme l'éclair, et son vêtement blanc comme neige.

À l'image d'un rendez-vous autour d'un puits que l'on ouvre et que l'on pose son couvercle sur le côté, pour puiser de l'eau-vive! .... Tout d'abord, Jésus attendait à l'image d'un rendez-vous autour du puits ouvert "son tombeau". Ce sont les femmes, les toutes premières, bien avant tous les apôtres, qui ont reçu la révélation de sa résurrection. En second lieu, Jésus avec amour et bienveillance leur communiqua la direction à prendre pour avertir toute la communauté. Là aussi elles vont symboliser (le côté féminin) des douze apôtres.

Ecclésiaste 12/6-7 : Alors le fil d'argent se détache, la coupe d'or se brise, la jarre pleine d'eau se casse, la corde du puits se détache. 7) la poussière retourne à la terre d'où elle vient, le souffle de vie retourne à Dieu qui l'a donné.

N°5) GUEVURA   גובורה

Force, Soumission, Rigueur

La Guévura d'ABRAHAM - Genèse chapitre 22 versets 1 et 2 (version Chouraqui) :

Il arriva, après ces faits, que Dieu éprouva Abraham. Il lui dit : "Abraham" il répondit "Me voici". 2 Il reprit : " or ça, prends ton fils, ton fils unique, celui que tu aimes, Isaac ; achemine-toi vers la terre de Moria, et là offre-le en holocauste sur une montagne que je te désignerai."

Traduction (torah box)

Moria : vient de horna (enseignement-éclaircissement).

Moria : est une contraction de Mora (crainte)

Moriya : crainte de l Eternel ou choisit par l'Eternel pour les chrétiens….

Ordonné : considéré

Pour ABRAHAM, sa Guévura s'accomplira dans le renoncement de son héritage, l'amour de sa vie, son unique fils, son accomplissement ; de surcroît ABRAHAM dans sa connexion avec le Divin, se reposait sur sa Séphira YESOD/fondement et la Malkuth/royauté. Il était serein dans sa foi de redescendre avec son fils, son Dieu allait pourvoir !!! Il explique avec assurance, Verset 5 : "Et ABRAHAM dit à ses serviteurs : Restez ici avec l'âne ; le garçon et moi, nous irons jusque là-bas pour adorer Dieu puis nous reviendrons vers vous." Nous sommes stupéfaits par l'obéissance aveugle, sans discernement d'Abraham, mais comme signalait ce lieu, prénommé par Elohims Moria, il monta dans une soumission de crainte. L'obéissance, la soumission et la foi sont les trois attributs essentiels secrets pour sortir victorieux de Guévura. Réussir l'épreuve ultime de tuer son propre fils, nous sera demandé à chacun de nous, le plan est de nous détacher de tous nos engendrements physiques ou matériels.

Verset 12 : Ne porte pas la main sur ce jeune homme, ne lui fais pas de mal ! car désormais, j'ai constaté que tu CRAINS Dieu, toi qui ne m'as pas refusé ton fils, ton fils unique. Ce lieu le mont Moria, reflet de l'obéissance et de la crainte, étendard du sacrifice "notre héritage Christ" sur le même mont du Golgotha jadis appelé Moria.

Verset 14 : Abraham dénomma cet endroit : Adonaï -Yiraé; (le mont de Adonaï- Yiraé.)

Traduction torah box : **ADÔNAÏ-YERAE** ; (Éternel voit – ou pouvoir)

Dieu voit, "me voit", se montre en Rhéma "parole révélée" accomplie, il perçoit la pure immanence de Dieu. Un éveil qui proclame haut et fort, cette révélation étonnante de l'intériorité, comprendre d'être observé jour et nuit, par l'œil intérieur "le cœur" d'avoir été trouvé et vu par Dieu.

L'idée de ce réceptacle Guévura manifeste le chiffre Zéro (0) dans le spirituel, tel un nouveau départ. Elle contient toute la rigueur, la force et la soumission traversant les différentes Séphiroth pour parvenir à la progression de cette sphère numéro cinq à mi-chemin de l'Arbre de Vie.

C'est le lieu de la transmutation, à nous dévêtir de notre identité charnelle extérieure ; mourir au sein même de Guévura, pour, ressusciter et se reconstruire en Dieu incarner les vêtements divins de vie (les fruits de l'esprit, Galates 5/22 bible).

Ce haut Lieu de Guévura fut révélé par une prophétie de Isaac pour son fis Jacob :

Genèse 28 / 1- 9 : Isaac appela Jacob et le bénit, puis lui fit cette recommandation : ne prends 8) pas femme parmi les filles de Canaan. 2) Lève-toi, va dans le territoire d Aram, dans la demeure de Betuhel, père de la mère ; et choisis-toi là, une femme parmi les filles de Laban, le frère de ta mère. 3) Le Dieu tout-puissant te bénira, te fera croître et multiplier, et tu deviendras une congrégation de peuples. 4) Et il t'attribuera la bénédiction d'Abraham, à toi et à ta postérité avec toi, en te faisant possesseur de la terre et de ta pérégrination, que Dieu a donnée à Abraham. 5) Isaac envoya aussi Jacob au territoire d'Aram, chez Laban, fils de Betouèl, l'Araméen, frère de Rébecca, mère de Jacob et d Esaü. 6) Ésaü vit qu'Isaac avait béni Jacob, qu'il l'avait envoyé au territoire d'Aram pour s'y choisir une épouse ; qu'en le bénissant, il lui avait donné cet ordre : "Ne prends pas femmes parmi les filles de Canaan" ; 7) que Jacob, obéissant à son père et à sa mère, était allé au territoire d'Aram : 8) et Ésaü comprit que les filles de Canan déplaisaient à Isaac son père. 9) Alors Ésaü alla vers Ismaël, et prit pour femme Mahalath, fille d'Ismaïl, fils d'Abraham, sœur de Nebaioth, en outre de ses premières femmes.

Si je survole le passage (versets 2 à 4) dans une lecture simple (Peshat), rien d'extraordinaire un récit banal toutefois, si j'approfondis par une interprétation (drash), je décrypte le nom du grand-père :

BETOUHEL : בתואל (Dieu détruit). Père de Laban

LABAN le fils : לָבָן (Blanc, purifier). Beau-père de Jacob

"LA BÉNÉDICTION D'ABRAHAM" est une consécration en bienfait, qu'il faut conquérir, c'est un héritage qui n'est pas une succession familiale ; mais Abraham, AB "le Père" a hérité de tout le pays (bénédiction complète), mais Jacob le reçoit préalablement, seulement oralement par une prophétie (verset 4) de son père Isaac, il demeure immigrant dans le pays. C'est une terre qui s'acquièrt, NON ! par hérédité testamentaire, mais par l'énergie et la puissance du réceptacle Guévura proclamé sur sa destinée par : "l'instruction de la révélation de la Bénédiction orale du verset 1 à 9 du chapitre 28.

Nous pouvons retracer, et établir des parallèles dans la Bible (Ancien-Testament et Évangiles) que le mot Terre Eretz en hébreu hormis d'une lecture littérale "peshat", Terre qui évoque notre Ha 'Adama (qui est notre terre / être intérieur spirituel). Si dans le pays qu'Elohim a donné à son grand-père Abraham, Jacob le petit-fils, devient qu'un ordinaire immigrant, dans même endroit : pour la conquête du pays, il y a une compréhension mystérieuse de son acquisition. Pour commencer, Elohims désire souligner les degrés progressifs à discerner spirituellement :

Au "chapitre 28 / 2" la direction est à : À Paddam – ARAM

PADDAM ; étendue

HARAM : Élever

Chaque mot, lettre et nom ont un contenu symbolique dans l'Ancien Testament, une clef dans sa force, son énergie, son propre caractère spirituel, c'est toute la grandeur et la splendeur de la parole divine à maintenir dans le sacré.

Nous observons un paradoxe sur les deux héritages :

1) S'élever vers les étendues d'ARAM pour visualiser son patrimoine paternel

2) Affronter difficilement cette Guévura par le brisement, l'effacement et la désolation de la traversée avec DIEU. En premier lieu, nous nous trouvons dans le territoire du grand-père "patriarche de la tribu de Laban" BETOUHEL (Dieu détruit). À travers toutes les manigances et l'audace de Laban, Jacob évoluera par un sacrement de renversement de codes, originaire du

potentiel féminin "engendrer de sa propre nature égotique", hérité de la branche féminine sa mère RIVKA Rébecca "lier/attacher". Elle a été ce lien transmis pour toutes ruses dans le mensonge, la tromperie, pour que son fils Jacob perpétue l'héritage béni d'Abraham son époux. Jacob rompt avec les compréhensions anciennes pour se laisser refaçonner douloureusement par Laban. Cet appel Divin, poussé par un essor au-delà de ses propres limites, d'une succession d'épreuves terribles de purification, d'autant plus que Laban, son beau-père reflétait son personnage miroir, l'aspect égotique de son vis-à- vis, son Être intérieur (son côté féminin).

L'authenticité de la couleur blanche, tout comme le noir, n'existe pas, elles ne sont pas des couleurs établies, nous considérons pour le blanc de plus en plus foncé, écru ou nuance beige, plus clair, façon voile transparent. Laban est le seul dans la Bible à porter un nom d'une couleur qui n'est qu'une vision d'optique erronée et dans ce lieu élevé (ARAM), Laban (Le blanc) évolue à travers son épuration persistante contre Jacob. Son beau-père devient une énergie puissante de destruction, un rouleau compresseur pour son gendre, ce mouvement de régénération et de mutation du cœur et de la pensée, le converti en un être renouvelé et complètement transformé. Laban, la personne la plus cruelle et immorale, prédestinée par Dieu pour exploiter chaque faiblesse et ruse de Jacob. À travers cette épreuve, Jacob va capituler en s'abandonnant pleinement à se laisser conduire dans ce combat intérieur. Le lieu initiatique et élevé, de cette Séphira Guévura, est l'acception de ses propres faiblesses pour un engendrement de   sa   pure   nature   royale   et   Céleste.

Pour Moise, Nombres : chapitre 21 verset 6 à 9 : Alors l'Eternel envoya contre le peuple des serpents venimeux qui les mordirent, et il mourut beaucoup de gens d'Israël. 7) Le peuple vient trouver Moise en disant : Nous avons péché lorsque nous avons parlé contre l Eternel et contre toi. Maintenant, veuille implorer l'Eternel pour qu'il nous débarrasse de ces serpents ! Moïse pria donc pour le peuple. 8) L'Eternel lui répondit, fais-toi un serpent en métal et fixe-le en haut d'une perche. Celui qui aura été mordu et qui fixera son regard sur ce serpent aura la vie sauve 9) Moise façonna un serpent d'airain et le fixa en haut d'une perche. Dès lors, si quelqu'un était mordu par un serpent, et qu'il levait les yeux vers le serpent d'airain, il avait la vie sauve.

Le bâton, le bois, cette partie morte, champ extérieur non vivant vu du divin, nous représente "hors du jardin d'Eden" que Dieu va utiliser. La singularité du serpent s'exprime par le biais d'une voie de dualité, caractérisée également par le côté double des jumeaux, d'un point de vue humain dans la Bible, et psychique par les deux formes ; "consciente et inconsciente".

Exode 4/ 1-5 : Moshé répond et dit : mais certes, ils n'adhéreront pas à moi, ils n'entendront pas ma voix. Oui, ils diront : "IHVH-Adonaï n'a pas été vu par toi." 2) IHVH-Adonaï lui dit : "Quesque dans ta main" ? Il dit : "une branche". 3) Il dit : "jette-là à terre". Il la jette à terre et c'est un serpent. Moshé s'enfuit en face de lui. 4) IHVH-Adonaï dit à Moshé : "envoie ta main, attrape sa queue". Il envoie sa main et le saisit et c'est une branche en sa paume. 5) Pour qu'ils adhèrent, oui, il a été vu par toi, IHVH-Adonaï, l'Elohims de leurs pères, l'Elohims d'Abraham, l'Elohims d'Is'hac et l'Elohims de La'acob"

CADUCEE

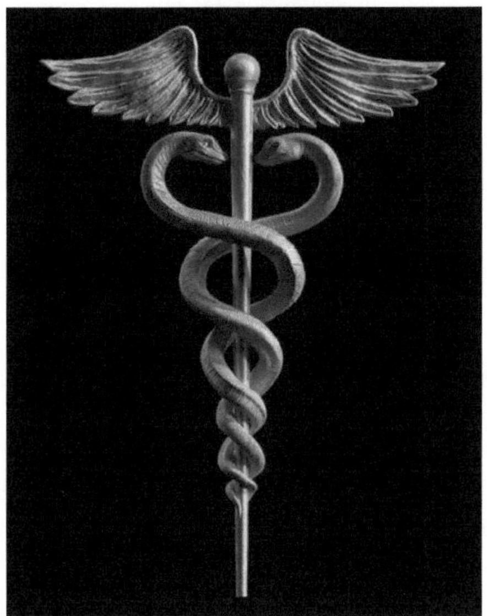

Le serpent trace notre destinée, nos espérances à plus forte raison ; ne pas le tuer mais lutter avec, pour lui attraper "la queue" : qui symbolise la racine, l'origine, ses mauvais penchants en hébreu "*Yetser Yara* inclination à faire le mal", convoitise à l'état brut, par conséquent le genre pulsion animale".

1) Le bâton : la verticalité, l'autorité Divine puis l'Israël en devenir, il prouve par-là, toute la maîtrise hissée par sa forme "la droiture" des émotions et par-dessus tout dominer,

en triomphant sur sa propre vie l'Israël. Le bâton, figure de l'autorité de Dieu sur nous, et dès qu'il frappe un endroit il constitue le prolongement de la volonté divine.

Israël : יִשְׂרָאֵל : Yisra'él / יָשַׁר = ishar = droit   אֵל = el =dieu

= Qui lutta avec Dieu

 Luc chapitre 10/19 : "Ecoutez bien ceci ; il est vrai que je vous ai donné le pouvoir de marcher sur les serpents et les scorpions, et d'écraser toutes les forces de l'ennemi, sans que rien ne puisse vous faire du mal".

 2) le reptile : représente à la fois la vie et la mort par une mutation ; de perdre sa veille peau ; conforme à la ruse serpentine, tu abdiques à tes pulsions égotiques et tu te résignes aux mensonges de la chair. En outre, ignorant l'appel de ta conscience en t'abandonnant à la mort, asservi à toutes séductions extérieures, tu deviens ta propre moralité divine. Finalement, cela s'inscrit au même titre du cycle de vie de cet univers, en revanche, le serpent vit "ce cycle ", dans sa propre existence. Pour le peuple hébreu, le serpent d'airain tenu au niveau élevé du bâton, était censé édifier les Juifs et garder leurs cœurs fixés vers le haut en direction de Dieu vers le ciel ; qui a le pouvoir de contrôler la puissance de vie ou de mort sur toutes choses dans ce monde.

 Galates 5 verset 24 ; Or, ceux qui appartiennent à Jésus- Christ ont crucifié l'homme livré à lui-même avec ses passions et ses désirs.

Le caducée de Moïse guérit et épure toutes dualités, sa structure architecturale spirituelle souligne un bâton (un corps) plus un entête puissant lumineux d'airain et de feu illustrant les deux ailes en or du tabernacle (représentation de St-Esprit).

En 1945, juste après la Deuxième Guerre mondiale, l'emblème officiel de l'ordre des médecins de France est l'insigne du caducée. Leur choix n'est pas anodin, la coïncidence n'existe pas pour une personnification de la médecine. Dans la Bible, pareillement, l'emblème "serpent d'airain sur le bâton de Moïse" est rapporté à la maladie, et à la guérison. Le serpent subsiste intérieurement dans le non-maîtrisé et le non-établi qui va être mis à mort sur le bâton de la verticalité le "Israël" Céleste de Dieu ". La foi est de mourir à soi-même sur ce bâton et agoniser dans notre âme pour nous rétablir dans la vérité dans notre conscience". En médecine, souvent le placebo "effet psycho-physiologique positif" peut fonctionner ; en revanche, la Bible dit que c'est la Foi qui fait le miracle. Notre reptile personnel perverti, reconsidère une fois maîtrisé et totalement dompté ; à travers une expérimentation mutante, en retrouvant sa Verticalité de la voie du bâton afin de permettre la guérison de l'âme, de l'esprit et du corps. Tel un pèlerin (peler ses peaux) tenant son bâton, randonnant et trébuchant sur les sentiers initiatiques à travers son labyrinthe, explorant ses vastes profondeurs et ses conceptions de pensées spirituelles, cherchant des religions et des mentors dans l'intérêt de s'élever en Dieu puis se réaligner pour se reconnaître en Lui.

L'OUROBOROS

L'Ouroboros est traduit par le serpent ROI dans la tradition hébraïque chrétienne Copte

Ouro=**Roi** **Ob**= serpent Ouroboros serpent-Roi

L'influence du serpent Ouroboros pourvu d'un venin qui se retourne sur lui-même, mordre sa propre queue et mourir. Il est la figure intemporelle (depuis 1600 avant Jésus-Christ antique) dans toutes les traditions symbolisant la renaissance permanente du corps et de l'âme, cycle de transformation tel que, le serpent à travers ses différentes mutations de peaux. Il est parfois personnifié sous l'aspect du symbole de l'infini qui représente le cycle éternel de la vie et de la mort, création et destruction dans l'évolution du changement et dans l'éternel renouvellement. Il reflète l'équilibre des forces contraires bien/mal, lumières/ténèbres, eau/feu etc.... En se mordant la queue, il se donne la mort, il incarne l'archétype de la Téchouva hébraïque et la nouvelle naissance évangélique. Il est nécessaire de mourir dans le principe de la chair extérieur "le monde" pour muter et vivre par l'esprit de Dieu intérieur "spirituel". Il transcende l'état d'animalité de ses pulsions charnelles, pour ainsi avancer tel que le mouvement ininterrompu, du cercle de la roue de l'existence ...

L'OUROBOROS   INFINI

Galate chapitre 4 verset 9 : Vous êtes mes enfants, et j'endure pour vous une fois encore les douleurs de l'enfantement jusqu'à ce que le Christ soit formé en vous.

Fondamentalement, nous ne sommes pas habilités à porter cette lourde charge de former Christ en nous par nos propres moyens. J'aimerais insister, cette œuvre n'est possible seulement par le concours en nous de l'Esprit Saint pour devenir ROI ou (REINE). La transformation se réalisera par tout un processus de purification en développant les attributs Divins pour se revêtir de manteaux suprêmes : tel que Galates5/22 (Mais les fruits de l'esprit, c'est l'amour, la joie, la paix, la patience, l'amabilité, la bonté, la fidélité, la douceur, la maîtrise de soi.) pour atteindre la couronne de la royauté.

Pourquoi de l'AIRAIN ? .....

La matière de l'airain (cuivre) est le matériau le plus utilisé en raison de sa résistance à la corrosion et de sa haute conductivité, il est un excellent transmetteur de données. Le serpent d'airain illustre un conducteur de foi et d'un message ; en hébreu le mot airain a la même racine que le mot serpent d'où le jeu de mot :

Serpent :   NACHASH   :   נחש

Airain   :   NECHOSHETH :   נחושת

La racine contient toujours trois lettres en hébreu, pour le serpent et l 'airain : נחש. Il n'y a sûrement, pas d'arrière-pensée de superstition, tout comme le serpent et l'airain n'ont aucune portée biblique "de pouvoir de guérison", toute la compréhension se discerne dans la représentation des mystères symboliques des différentes lectures.

Bible Daniel 10 / 6 : Son corps luisait comme de la chrysolithe, son visage flamboyait comme l'éclair, ces yeux étaient pareils a des flammes ardentes, ces bras et ces pieds ressemblaient à de l'airain poli, et le son de sa voix était comme le bruit d'une multitude.

Apocalypse 1 verset 15 (Darby version) ; Et ses pieds semblables à de l'airain brillant, comme une fournaise ; et sa voix, comme une voix de grandes eaux ;

Aujourd'hui, ces textes seraient interprétés à l'image d'une énergie, d'une force puissante, similaire à un objet très brillant ou un prodigieux et magistral feu d'artifice. Les pieds sont souvent symbolisés par la marche, le sens vocation par l'évolution dans la splendeur du divin.

N°6) : LE HESSED חֶ סֶ ד

La miséricorde

Une nouvelle alliance : Jérémie 31/31-34 :

29) "En ces jours-là, on ne dira plus : les pères ont mangé des raisins verts, et les dents des enfants en ont été agacées.30) Mais chacun mourra pour sa propre iniquité ; tout homme qui mangera des raisins verts, ses dents en seront agacées.31) Voici, les jours viennent, dit l'Éternel, où je ferai avec la maison d'Israël et la maison de Juda une alliance nouvelle.32) Non comme l'alliance que je traitai avec leurs pères, le jour où je les saisis par la main pour les faire sortir du pays d'Égypte, alliance qu'ils ont violée, quoique je fusse leur maître, dit l'Éternel.33) Mais voici l'alliance que je ferai avec la maison d'Israël, après ces jours-là, dit l'Éternel : je mettrai ma loi au dedans d'eux, je l'écrirai dans leur cœur ; et je serai leur Dieu, Et ils seront mon peuple.34) Celui-ci n'enseignera plus son prochain, ni celui-là son frère, en disant : connaissez l'Éternel ! car tous me connaîtront, depuis le plus petit jusqu'au plus grand, dit l'Éternel ; car je pardonnerai leur iniquité, et je ne me souviendrai plus de leur péché".

Nous nous dirigeons, après notre laborieuse Séphira Guévura, numéro cinq, pour enfin, nous élever face à cette remarquable sphère, la splendeur du "Hessed" numéro six, qui est la première étape d'un degré élevé, méconnaissable de l'action de Dieu en nous. La relation cœur à cœur qui prend source dans une relation d'amour et d'appartenance à son univers Divin, Hessed est une réconciliation d'un pur pardon miséricordieux, sans altération possible. L'amour de Dieu est inconditionnel par sa nature ; son paradoxe se manifeste et se tient en garde-fou face à Guévura, Hessed est l'esprit qui vivifie, Guévura est la lettre qui tue. L'un ne peut subsister sans l'autre. Sept fois, soixante-dix-sept fois, il pardonne, sa bienveillance et sa compassion demeurent sans limites.

C'est à partir de ce réceptacle que notre personnalité extérieure évolue différemment, nous reconsidérons nos motivations, qu'elles ne découlent plus d'une unique source égotique en revanche, promouvoir l'inspiration de Dieu en nous en toutes choses. Nous ne sommes plus dans l'appréciation de la réflexion individualiste, mais dans un élan d'amour (ex : Abraham obéissant à la demande, d'assassiner son fils unique). La prophétie de Jésus lorsqu'il déclare qu'il va édifier l'église : il pose une question à Pierre, ensuite appréhende sa réponse devant tout le monde. Espérant une réaction établie, sur l'amour inconditionnel (le Hessed) ; qui existe dans l'infrastructure de son église.

Jean 21 : 15/17 [15] Après qu'ils eurent mangé, Jésus dit à Simon Pierre : Simon, fils de Jonas, m'aimes-tu plus que ne m'aiment ceux-ci ? Il lui répondit : Oui, Seigneur, tu sais que je t'aime. Jésus lui dit : Pais mes agneaux. [16] Il lui dit une seconde fois : Simon, fils de Jonas, m'aimes-tu ? Pierre lui répondit : Oui, Seigneur, tu sais que je t'aime. Jésus lui dit : Pais mes brebis. [17] Il lui dit pour la troisième fois : Simon, fils de Jonas, m'aimes-tu ? Pierre fut attristé de ce qu'il lui avait dit pour la troisième fois : M'aimes-tu ? Et il lui répondit : Seigneur, tu sais toutes choses, tu sais que je t'aime. Jésus lui dit : Pais mes brebis.

La prophétie de Jésus Matthieu 16 verset 16/18 : Simon Pierre lui répondit : Tu es le Messie, le fils du Dieu vivant 17) Jésus lui dit alors : tu es heureux, Simon fils de Jonas, car ce n'est pas de toi-même que tu as trouvé cela. C'est mon Père céleste qui te l'a révélé. 18) Et moi je te déclare : tu es Pierre et sur cette pierre j'édifierai mon Eglise, contre laquelle la mort elle-même ne pourra rien.

L'origine du fondement de la Chrétienté repose sur la sagesse hébraïque. La connaissance sur la symbolique de toutes formes et significations des mystères des lettres de l'alphabet hébraïque, ont une puissance créatrice. En outre, elles sont l'ouverture vers une compréhension de vérités "sagesses" révélées, de conscience plus profonde dans notre cœur, l'esprit. .

Père   **AB**   בב   Dieu

     Fils   **BEN**   בֵּן   Jésus

     Pierre   **EBEN**   אֶבֶן   L'Eglise

Le décryptage de la Pierre et du prénom Pierre n'est pas un hasard, mais de la personnification du prophétique Père (DIEU). Tout comme Jacob qui pris une pierre dans le texte de la Genèse 28/18 et il dressa une stèle et répandit de l'huile sur son sommet et il appela cet adroit BETHEL (maison dieu).

le mot fils, il y a un B (beth = maison) et une lettre N (נ) = (serpent ou poisson) étant donné que la ligne du haut représente le ciel, la lettre N (נ) à la fin d'un mot et phrase est tombante (ן) veut nous montrer une direction pour les choses du bas (la terre).

Nous pouvons remarquer la combinaison des choses de Dieu "AB" dans le fils "BEN" constitue "EBEN". DIEU donne par le fils et qui devient l'Eglise de pierres vivantes spirituelles. L'aleph peut être représenté par la voyelle A ou E.

Le Coran apparaît pour le musulman comme le message sublimé de la bible, ce qui le scandalise, c'est le terme Jésus "Fils de Dieu". Tout en admettant la pureté virginale de Marie et sans aucune mention du nom de Joseph dans leurs écritures sacrées, Isa "ibn/fils" de Miriam ; l'interprétation, de l'engendrement du logos (aleph-beth de Dieu) dans la matrice du corps de Marie, demeure une figure clivante. Le prénom Marie et Miriam ont une racine commune la lettre "M : מ" qui signifie maïm, matrice primordiale symbolisant un pluriel des eaux d'en bas et des cieux. Au même titre, que le nom de Moïse "sauvé des eaux" , qui fût la matrice pour engendrer la Torah. L'allégorie du mot fils "Ben" s'inscrit dans des enfantements de toutes choses et non seulement dans une idée sexuelle mais encore pour nous sauver des grandes eaux "notre existence" à l'image de Moïse et de Noé "repos" dieu veut nous enfanter des fils "Ben" spirituel en nous.

1 Pierre chapitre 2/4-8 :

4) Il est la pierre vivante que les hommes ont rejetée, mais que Dieu a choisie et à laquelle il attache une grande valeur. Approchez-vous donc de lui ; 5) et puisse que vous êtes, vous aussi des pierres vivantes, édifiez-vous pour former un temple spirituel et pour constituer un groupe de prêtres consacrer à Dieu, charger de lui offrir des sacrifices spirituels qu'il pourra accepter favorablement par Jésus Christ. 6) Voici en effet ce qu'on trouve dans les écritures à ce sujet : 7) J'ai choisi une pierre de grande valeur et je la pose à Sion à l'angle de l'édifice. Celui qui met sa confiance en elle ne connaitra jamais de déshonneur. Pour vous donc qui croyez : l'honneur ! 8)Mais pour ceux qui ne croient pas. La pierre rejetée par les constructeurs est devenue la pierre principale, de l'angle de l'édifice, une pierre qui fait tomber un rocher qui fait trébucher.

Dans cette Séphira Hessed, Dieu édifie Christ à l'intérieur de nous pour former son temple spirituel, sa Jérusalem céleste. Le Hessed, devient la pierre angulaire spirituelle, dans un processus d'élévation de l'accomplissement de sa propre volonté Divine. Elle est la sphère de toute transformation de la pensée, personnifie en nous toutes les vertus spirituelles par la réverbération de chaque facette étincelante et éclatante de la pierre précieuse. Elle est la plus resplendissante et la plus belle des engendrements de toutes les Séphiroth, à partir de là Hessed, nous pouvons concevoir la Jérusalem Céleste et coexister ensemble pour expérimenter et participer à cette nouvelle vie, établie dans la Vérité. Elle est décrite dans les valeurs de chaque pierre précieuse qui représente des élévations reconnaissables à travers ces pierres précieuses au sein de notre cœur.

Apocalypses : 21 versets 19 à 21 :

Les fondements de la muraille de la ville étaient ornés de pierres précieuses de toutes espèces ; le premier fondement était le jaspe, le second de saphir, le troisième de calcédoine, le quatrième d'émeraude, 20) le cinquième de sardonyx, le sixième de sardoine, le septième de chrysolithe, le huitième de béryl, le neuvième de topaze, le dixième de chrysoprase, la onzième hyacinthe, le douzième d'améthyste. 21) les douze portes étaient douze perles. La place de la ville était d'or pur, comme du verre transparent.

La Séphira Hessed émane la miséricorde de l'amour inconditionnel d'Élohims, sans limite sans barrière qui soupire autentiquement, à s'enraciner dans notre terre, dans nos cœurs et nous affermir à renoncer à tout jugement négatif et stérile, sans cesse dans nos routines quotidiennes. Dans la pensée hébraïque, les rabbins précisent "sans le Hessed, miséricorde le monde s'écroule…"

Le HESSED fait partie des trois piliers qui portent ce monde, Hessed /Binah/Chokmah ; elle relève des profondeurs de la miséricorde, nous ne pouvons pas la dissocier avec le trio de Tête supérieur de l'esprit Céleste. Hessed est l'immanence de la présence Divine, la Shékinah devient l'expression des engendrements de l'Adam Kadmon à travers "Christ"; la miséricorde et l'amour manifesté, la liberté de penser au-delà de tout entendement de "l'intelligence humaine". Cette sphère est le principe du fondement de la terre dans ; psaumes 89 /2 il dit que le monde sera construit par la miséricorde.

Psaume 86/15-17 : Mais toi, Seigneur ! Tu es un Dieu miséricordieux et faisant grâce, lent à la colère et riche en bonté et en vérité. 16) Tourne-toi vers moi, et use de grâce envers moi ; donne ta force à ton serviteur, et sauve le fils de ta servante. 17) Opère pour moi un signe de ta faveur, et que ceux qui me haïssent le voient et soit honteux ; car toi, o Eternel ! Tu m'auras aidé, et tu m'auras consolé.

N°8) LA SEPHIRA BINAH בִּינָה

L'intelligence

Proverbe 4/7 : le commencement de la sagesse est : acquiers la sagesse, et, au prix de toutes tes acquisitions, acquiers l'intelligence.

Les trois Séphiroth Kether, Chochmah et Binah sont regardées comme premières, supérieures et appelées "richomot" elles constituent la tête et le cerveau le domaine de l'intellect et les sept autres inférieures "ta hatonot". Ici, nous sommes dans les sentiments et tout ce qui représente les émotions ; aussi la liberté consentie par Dieu pour exercer le libre-choix de décision et de tout jugement.

Binah au sens entendement est la sphère dans laquelle se développe la faculté cognitive de l'Esprit-Saint permettant une compréhension analytique et intuitive des textes sacrés. Puis, elle a la capacité de recevoir des étincelles de sagesse de la Sephira Chochmah de les synthétiser, puis discerner cette omniscience des projets Divins, afin de les réaliser en rendant les contradictions fécondes, ensuite les établir ici-bas, pour nous au sein même du royaume des cieux sur terre.

Psaumes 131/2-3 : Cantique des degrés de David. Eternel, je n'ai ni un cœur qui s'enfle, ni des regards hautains ; je ne m'occupe pas de choses trop grandes et trop élevées pour moi. 2) Loin de là, j'ai l'âme calme et tranquille, comme un enfant sevré qui est auprès de sa mère, j'ai l'âme sevrée comme un enfant.

Le réceptacle Binah ne règne pas dans la créativité bien au contraire, mais se pourvoit dans des engendrements ; sa personnalité est féminine qui génère l'enfantement des sept autres Séphiroth du bas, elle se tient en "Mère".

Galates 4/26-27 : Mais la Jérusalem d'en haut est libre, c'est notre mère ; 27) car il est écrit : Réjouis-toi, stérile, toi qui n'enfantes point ! Éclate et pousse des cris, toi qui n'as pas éprouvé les douleurs de l'enfantement ! Car les enfants de la délaissée seront plus nombreux, que les enfants de celle qui était mariée.

La Binah est notre faculté d'enfantement pour réaliser des projets divins de sagesse du Fils (Christ) sur terre. Dans les écritures l'intelligence est féminine et représente Jésus-Christ.

Apocalypse 21

1) Puis je vis un nouveau ciel et une nouvelle terre ; car le premier ciel et la première terre avaient disparu, et la mer n'était plus. 2) Et je vis descendre du ciel, d'auprès de Dieu, la Ville Sainte, la nouvelle Jérusalem, préparée comme une épouse qui s'est parée pour son époux. 3) Et j'entendis du trône une forte voix qui disait : Voici le tabernacle de Dieu avec les hommes ! Il habitera avec eux, et ils seront son peuple, et Dieu lui-même sera avec eux. 4) Il essuiera toute larme de leurs yeux, et la mort ne sera plus, et il n'y aura plus ni deuil, ni cri, ni douleur, car les premières choses ont disparu. 5) Et celui qui était assis sur le trône dit : Voici, je fais toutes choses nouvelles. Et il dit : Écris ; car ces paroles sont certaines et véritables. 6) Et il me dit : C'est fait ! Je suis l'alpha et l'oméga, le commencement et la fin. A celui qui a soif je donnerai de la source de l'eau de la vie, gratuitement. 7) Celui qui vaincra héritera ces choses ; je serai son Dieu, et il sera mon fils, 8) Mais pour les lâches, les incrédules, les abominables, les meurtriers, les impudiques, les enchanteurs, les idolâtres, et tous les menteurs, leur part sera dans l'étang ardent de feu et de soufre, ce qui est la seconde mort. 9) Puis un des sept anges qui tenaient les sept coupes remplies des sept derniers fléaux vint, et il m'adressa la parole, en disant : Viens, je te montrerai l'épouse, la femme de l'agneau. 10) Et il me transporta en esprit sur une grande et haute montagne. Et il me montra la ville sainte, Jérusalem, qui descendait du ciel d'auprès de Dieu, ayant la gloire de Dieu. 11) Son éclat était semblable à celui d'une pierre très précieuse, d'une pierre de jaspe transparente comme du cristal. 12) Elle avait une grande et haute muraille. Elle avait douze portes, et sur les portes douze anges, et des noms écrits, ceux des douze tribus des fils d'Israël :13) à l'orient trois portes, au nord trois portes, au midi trois portes, et à l'occident trois portes. 14 La muraille de la ville avait douze fondements, et sur eux les douze noms des douze apôtres de l'agneau. 15) Celui qui me parlait avait pour mesure un roseau d'or, afin de mesurer la ville, ses portes et sa muraille.16) La ville avait la forme d'un carré, et sa longueur était égale à sa largeur. Il mesura la ville avec le roseau, et trouva douze mille stades ; la longueur, la largeur et la hauteur en étaient égales. 17) Il mesura la muraille, et trouva cent quarante-quatre coudées, mesure d'homme, qui était celle de l'ange. 18) La muraille était construite en jaspe, et la ville était d'or pur, semblable à du verre pur.19) Les fondements de la muraille de la ville étaient ornés de pierres précieuses de toute espèce : le premier fondement était de jaspe, le second de saphir, le troisième de calcédoine, le quatrième d'émeraude, 20) le cinquième de sardonyx, le sixième de sardoine, le septième de chrysolithe, le huitième de béryl, le neuvième de topaze, le dixième de chrysoprase, le onzième d'hyacinthe, le douzième d'améthyste. 21) Les douze portes étaient douze perles ; chaque porte était d'une seule perle. La place de la ville était d'or pur, comme du verre transparent. 22) Je ne vis point de temple dans la ville ; car le Seigneur Dieu tout-puissant est son temple, ainsi que l'agneau

.23) La ville n'a besoin ni du soleil ni de la lune pour l'éclairer ; car la gloire de Dieu l'éclaire, et l'agneau est son flambeau.24) Les nations marcheront à sa lumière, et les rois de la terre y apporteront leur gloire.25) Ses portes ne se fermeront point le jour, car là il n'y aura point de nuit.26) On y apportera la gloire et l'honneur des nation.

Jérusalem : יְרוּשָׁלַיִם   yerushalayim : fondation du dieu de paix

Yesod   : Fondement

Jérusalem et Yesod prennent naissance et se révèlent en tout premier dans notre cœur et s'accomplissent à travers l'intégralité des séphiroth. Le chapitre 21, de l'apocalypse nous rejoint à la croisée des chemins authentiques et secrets de nos cœurs, ici la révélation de Jean est ancrée dans la Binah. Chacun de ces versets reflète l'expression de l'Arbre de Vie.

Israël est notre corps et Jérusalem notre cœur tout est spirituel, l'ensemble des écritures inspirées par la puissance de l'Esprit-Saint, pour un seul chemin celui du royaume des cieux et sûrement pas pour ce monde terrestre. Les douze portes d'Israël sont des perles vivantes, chaque porte représente une Séphira sur les dix de l'arbre de Vie, la onzième est "la porte des ordures" et la douzième "la porte de Damas" à Jérusalem que je développerai dans mon prochain livre.

(בִּינָה)   Binah   (en voie de construction-formation)

(בֵּן)   Ben   (fils)

(יָה)   Y'A   (Dieu)

Binah l'archétype féminin (principe femelle) attaché à l'être du bas, la terre, précepte de Vie, dans sa pratique, elle s'engage à un temps de retraite et de silence, convenant à la méditation. Ensuite par cette transition, la binah développe secrètement des changements intérieurs dans le cadre de son existence "un point de non-retour'. Ce réceptacle Binah aborde toutes les liaisons de communications horizontales, de tout point de vue d'attachement émotionnel et intellectuel. La Binah apporte de l'ordre et de la structure pour comprendre clairement les nuances dans les écritures, une capacité intellectuelle de raisonnement déductif des choses. Ceci nous amène à discerner le domaine apostolique qui, par un Don de compétence produit par la Binah, travaille avec sagacité et profondeur. Cette sphère explore les processus rationnels non éternels, mais temporels et humains, qui s'adaptent dans l'évolutionnisme des airs du temps à l'image des transformations de tous les rituels et pratiques des religions des Hommes ; les guerres et les révolutions incluant toutes les réformes politiques externes et internes, au sein même des différents groupes religieux.

Une construction intelligente à partir de données brutes et pures du réceptacle sagesse "Chokhmah", c'est Binah qui va jouer un rôle important de développement à partir de cette même "idée Brute et pure Céleste". Les Apôtres ont joué un rôle unique dans la réalisation au sein de la sphère Binah pour l'édification de l'Église primitive avec Christ comme Pierre angulaire. Jésus lui-même dit :

 Luc 10/16 : Celui qui vous rejette me rejette et celui qui me rejette, rejette celui qui m'a envoyé.

Le mot grec apostolos (envoyé ambassadeur), est mentionné dans la prière sacerdotale de Jésus et représenté comme un testament de Vie d'Evangile "de bonne nouvelle"

 Jean 17/17-18 : Sanctifie-les dans la vérité : ta parole est vérité. 18) De même que tu m'as envoyé dans le monde, moi aussi, je les ai envoyés dans le monde.

Jean 13/16 : En vérité, en vérité, je vous le dis, le serviteur n'est pas plus grand que son seigneur, ni l'apôtre plus grand que celui qui l'a envoyé.

 Les douze Apôtres ont hérité d'un mandat particulier Divin de leur seigneur et Roi Jésus-Christ, détenteur d'une responsabilité d'accomplir une mission prédisposée au cœur même du dessein parfait de DIEU. Il les a équipés avec une autorité en vue de s'exprimer et réaliser avec difficulté parmi les enfantements de Binah ; dans le calvaire de la douleur pour certains et enfin le courage pour tous ! Le réceptacle de la Binah du Christ présente une sélection de douze Apôtres moins un (Judas), qui fut exclu et remplacé par l'Apôtre Matthias qui lui succéda. Cette affiliation de l'héritage Binah est accessible par le Saint Esprit de Dieu à travers le sang de Christ.

Actes 22/21 : Il me dit alors : "va, car moi je vais t'envoyer au loin, vers les nations."

Actes 26/16-18 : Mais lève-toi, et tiens-toi sur tes pieds ; car je te suis apparu pour t'établir ministre et témoin des choses que tu as vues et de celles pour lesquelles je t'apparaîtrai. 17) Je t'ai choisi du milieu de ce peuple et du milieu des païens, vers qui je t'envoie, 18) afin que tu leur ouvres les yeux, pour qu'ils passent des ténèbres à la lumière et de la puissance de Satan à Dieu, pour qu'ils reçoivent, par la foi en moi, le pardon des péchés et l'héritage avec les sanctifiés.

Nous sommes donc, dans la continuité pérenne de l'œuvre de Paul par l'Esprit-Saint, une assemblée de frères qui marche dans la volonté de la révélation Divine qui s'édifie non par la chair, mais par l'Esprit-Saint. Comme je l'ai mentionné, l'unique préoccupation de Dieu est de nous guérir à travers sa sainteté, de bâtir notre temple intérieur dans sa vérité. Depuis toujours, il n'a jamais cessé de nous communiquer son règne, sa gloire et sa bienveillance, mais en vain !

Ephésiens 1/17-19 : Je demande que le Dieu de votre seigneur Jésus-Christ, le Père qui possède la gloire, vous donne, par son Esprit, sagesse et révélation, pour que vous le connaissiez ; 18) qu'il illumine ainsi votre intelligence afin que vous compreniez en quoi consiste l'espérance à laquelle vous avez été appelés, quelle est la glorieuse richesse de l'héritage que Dieu vous fait partager avec tous ceux qui lui appartiennent, 19) et quel est l'extraordinaire puissance qu'il met en œuvre en votre faveur, en nous qui plaçons notre confiance en lui.

Formation des douze Apôtres : étymologiquement "église "appelée "ecclésia" latin est issue du grec (ekklesia "ἐκκλησία) désignant les appelés d'une assemblée, tant une église que le corps des fidèles. Le préfixe grec "εκ" ou "εξ" (qui donnera le préfixe latin "ex" signifiant "hors de", et le verbe "kléô" (κλέω) , signifie "vanter, célébrer" et "appeler, nommer". Le grec "kaléo" (καλέω, du verbe "καλειν") signifie "appeler", "invoquer", "faire appel". Le verbe grec « Kalein » a le sens d'appeler pour faire venir et, également, le sens de désigner. Nous reconnaissons la particularité du ministère des Apôtres par la faculté de compréhension "Binah" et la capacité d'administrer des enseignements inspirés du Saint-Esprit, qu'ils initient à travers leurs évangélisations.

2 Corinthiens 10/15-18 : Nous ne tirons pas du labeur des autres, l'occasion de nous vanter démesurément, mais, avec la croissance de notre Foi, nous espérons voir honorer de plus en plus notre ministère auprès de vous, sans quitter notre domaine, 16) et porter l'Evangile au-delà de chez vous, sans vous vanter de travaux déjà faits sur le domaine des autres. 17) Celui qui veut être fier qu'il mette sa fierté dans le seigneur. 18) Celui dont on reconnaît la valeur n'est pas celui qui se recommande lui-même, c'est celui que le Seigneur recommande.

La doctrine d'appartenance en Jésus-Christ est une invitation, un appel prédestiné à l'âme humaine, de contracter la voie Royale afin, de s'inscrire dans l'héritage d'appropriation à devenir l'Israël en ma propre personne, "ha 'Adama ma terre". Je l'incarne dans mon corps et la Jérusalem Céleste s'empare et inonde mon cœur, à la ressemblance de Jacob.

Ephésiens 3/16-17 : Lui qui est riche en gloire, qu'il vous donne la puissance de son esprit, pour que se fortifie en vous l'homme intérieur. 17) que le Christ habite dans vos Cœurs par la foi ; restez enracinés dans l'amour, établis dans l'amour.

Dans la Nouvelle Alliance, livre de Jérémy du Tanakh "Ancien-Testament" la vocation testamentaire représente l'illustration archétypale de la valeur du réceptacle de la "Binah". Le patriarche Jacob, produira l'engendrement à travers toute sa transformation, de l'acquisition du nouveau nom rebaptisé "Jacob en Israël".Toutefois, par les enfantements des douze fils qui ont généré, puis hérité des prémices des douze portes et tributs d'Israël.Sa Binah également, est le cheminement de cette mutation spirituelle. Cette sphère, Divine fédère par l'emblématique de ces deux héritages ; l'un par "le sang du Père, "Israël"pour ces fils". De ce fait, Dieu appela l'aîné: Ruben, toi mon premier-né, ma force et les prémices de ma rigueur, supérieur en dignité et supérieur en puissance, "le nom Ruben/soyez un fils ! : Genèse 49". Il est le principe en son propre nom du déroulement "en devenir" de l'héritage des fils de Dieu. Pour conclure, l'ombre des choses à venir par la nouvelle alliance, le sang spirituel de Christ incarne le second héritage, issu du "Père-Dieu" par l'Esprit-Saint, s'applique et repose sur la FOI.

1 Jean 5 /4-5 : Car tout ce qui est né de Dieu triomphe du monde, et la victoire qui triomphe du monde, c'est notre foi. 5) Qui, en effet, triomphe du monde ? Celui-là seul qui croît que Jésus-Christ est le Fils de Dieu.

N°9) SEPHIRA : CHOKMAH הָ כְ מָ ה
SAGESSE

Jean-Jacques Rousseau :

"La jeunesse est le temps d'étudier la sagesse, et la vieillesse est le temps de la pratiquer".

Nous arrivons à la neuvième des Séphira de tête qui forme la Trinité. Sagesse primordiale antérieure à la création du monde, elle est déjà un prisme Divin en tant que tel : La Sephira Kether est la face cachée de Chokhmah (sagesse), Job dans l'Ancien-Testament au verset 12 dit : mais la sagesse, d'où provient-elle ? Où se trouve-t-elle l'intelligence... ? "Déduction la sagesse vient d'un lieu élevé Céleste et l'intelligence existe en nous".

N'était-elle pas la sagesse qui émane du néant du non-manifesté, le EIN-SOF (l'infini) du domaine le plus élevé, Kether/couronne royale divine. Ce réceptacle, engendre l'intelligence, innovante et productive. Ce réceptacle Chokhmah/sagesse est masculin, il évolue entre ciel et terre dans une conscience supérieure du Ein-Sof (de l'infini) de la volonté de Dieu et non du kether. Il est l'œil intérieur (un œil singulier unique de Dieu). Un Rhéma (parole révélée) est un Chokhmah/sagesse, je réitère qu'il faut une interaction entre "la Binah et la Chokhmah" pour que cette pure sagesse Eternelle abstraite devienne une compréhension concrète en Binah. L'élévation à "la VERTICALISATION", à travers le Hessed (miséricorde et amour de Dieu) nous conduit à atteindre la dimension de Chokhmah. Pour la tradition judéo-chrétienne, le principe de Chokhmah dans l'âme est la plénitude de l'esprit ; d'intuition qui révèle la conscience de l'Unicité. IL contient en lui, toutes les semences de l'Eternel puis, englobe l'intégralité du macrocosme dans le microcosme. Chokhmah est une force d'amour originelle, on l'écrit ("Koach Mah" le pouvoir de l'altruisme), dans le livre de la sagesse " Zohar". La Séphira Chokhmah est un principe masculin, il est appelé ABBA ILLA'AH (père supérieur) par les sages d'Israël.

Proverbes 8/4-36 : A vous Hommes, et ma voix s'adresse aux fils des Hommes ! 5) vous, simple, comprenez la prudence, et vous, sots, comprenez ce qui est le sens. 6) Ecoutez, car je dirai des choses excellentes, et l'ouverture de mes lèvres prononceras des choses droites ; 7) car mon palais méditera la Vérité, et la méchanceté sera une abomination pour mes lèvres. 8) Toutes les paroles de ma bouche sont selon la justice, il n'y a rien en elles de pervers ni de tortueux ; 9) elles sont toutes claires pour celui qui a de l'intelligence, et droites pour ceux qui ont trouvé de la connaissance. 10) Préférez mon instruction, et non pas de l'argent, et la connaissance plutôt que l'or fin choisi ; 11) car la sagesse est meilleure que les rubis, et rien de ce qui fait nos délices ne l'égale. 12) moi la sagesse, je demeure avec prudence, et je trouve la connaissance qui vient de la réflexion. 13) La crainte de l'éternel c'est de haïr le mal. Je hais l'orgueil et la hauteur, et la voie d'iniquité, et la bouche perverse. 14) A moi le conseil et le savoir-faire ; je suis l'intelligence ; à moi la force. 15) Par moi les rois règnent, et les princes statuent la justice. 16) Par moi les chefs dominent, et les nobles, tous les juges de la terre. 17) J'aime ceux qui m'aiment ; et ceux qui me cherchent me trouveront.18) Avec moi sont les richesses et les honneurs, les biens éclatants et la justice. 19) Mon fruit est meilleur que l'or fin, même que l'or pur ; et mon revenu meilleur que l'argent choisi. 20)Je marche dans le chemin de la justice, au milieu des sentiers de juste jugement, 21) pour faire héritier les biens réels à ceux qui m'aiment, et pour remplir leurs trésors. 22) L'Eternel m'a possédée au commencement de sa voie, avant ces œuvres d'ancienneté. 23) Dès l'éternité je   fus établie, dès le commencement, dès avant les origines de la terre. 24) Quand il n'y avait pas d'abîmes, j'ai été enfantée, quand il n'y avait pas de source pleine d'eaux. 25) Avant que les montagnes fussent établies sur les basses, avant les collines, j'ai été enfantée, 26) lorsqu'il n'avait pas été encore fait la terre et les campagnes, et le commencement de la poussière du monde. 27) Quand il disposait les cieux, j'étais là ; quand il ordonnait le cercle qui circonscrit la face de l'abîme, 28) quand il établissait les nuées en haut, quand il affermissait les sources des abîmes, 29) quand il imposait son décret à la mer, afin que les eaux n'outrepassassent son commandement, quand il décrétait les fondements de la terre : 30) j'étais alors à côté de lui son nourrisson, j'étais ces délices tous les jours, toujours en joie devant lui, 31) me réjouissant en la partie habitable de sa terre, et mes délices étaient dans les fils des hommes. 32) Maintenant donc, fils, écoutez-moi : bienheureux ceux qui gardent mes voies ! 33) Ecoutez l'instruction, et soyez sage, et ne la rejetez point. 34) Bienheureux l'homme qui m'écoute, veillant à mes portes tous les jours, gardant les poteaux de mes entrées ! 35) Car celui qui m'a trouvée à trouver la Vie, et acquiert faveur de la part de l'Eternel ; 36) mais celui qui pèche contre moi fait tort à son âme ; tous ceux qui me haïssent aiment la mort.

En premier lieu, si je me suis permise de reprendre "le proverbe 8" de l'Ancien Testament presque dans son intégralité, c'est qu'il est complètement différent des autres proverbes, son langage prophétique se manifeste dans l'incarnation de Chokhmah/sagesse par lequel il transcende le principe christique glorifié révélé. En fin de compte, chaque verset de ce texte repose aussi sur un dévoilement établi à travers l'arbre de Vie. Verset 14 du proverbe 8 il dit : "je suis le conseil" donc la sagesse de l'arbre, l'incarnation de l'Adam Kadmon dans la perspective de la résurrection de la Splendeur manifestée, le Christ. Ce texte évocateur de pure sagesse prophétise une déclaration extraordinaire de l'unicité de Dieu, qu'il demeure au-dessus de toute chose, que tout découle du Divin et retourne vers Dieu. Chaque verset de ce proverbe est une sagesse révélée que nous pouvons décrypter dans des degrés différents de lecture plus approfondie. Je reprends ces versets ci-dessus de proverbes 8 et prennez un temps pour méditer ces paroles extraordinaire de révélation Christique et d'Adam Kadmon.

22) L'Eternel m'a possédée au commencement de sa voie, avant ces œuvres d'ancienneté. 23) Dès l'éternité je   fus établie, dès le commencement, dès avant les origines de la terre. 24) Quand il n'y avait pas d'abîmes, j'ai été enfantée, quand il n'y avait pas de source pleine d'eaux. 25) Avant que les montagnes fussent établies sur les basses, avant les collines, j'ai été enfantée, 26) lorsqu'il n'avait pas été encore fait la terre et les campagnes, et le commencement de la poussière du monde. 27) Quand il disposait les cieux, j'étais là ; quand il ordonnait le cercle qui circonscrit la face de l'abîme,

Je voudrais continuer avec la prière sacerdotale qui relève admirablement bien l'intimité et la joie de Jésus-Christ, dont la retentissante plaidoirie de sagesse du testament de Dieu. Glorifiant le Père pour son œuvre "Chokhmah" en lui, nous transporte à l'image du Yom Kippour de repentance au centre même du Saint des Saints dans le temple (Ancien-Testament), lieu où le sacrificateur, "icône de sagesse et de pureté "priait auprès de Dieu et purifiait le peuple de tous péchés.

Jean 17/7-10 : Maintenant, ils ont connu que tout ce que tu m'as donné vient de toi ; 8) car, je leur ai donné les paroles que tu m'as données, et ils les ont reçues ; et ils ont vraiment connu que je suis sorti d'auprès de toi, et ils ont cru que toi, tu m'as envoyé. 9) Moi, je fais des demandes pour eux ; je ne fais pas des demandes pour le monde, mais pour ceux que tu m'as donnés, parce qu'ils sont à toi 10) et tout ce qui est à moi est, à toi ; et ce qui est à toi est à moi, et je suis glorifié en eux.

Jésus intercède pour cette postérité transformée, sanctifiée par sa parole destinée à devenir son peuple ; l'Israël spirituel par l'esprit. Ici, il pria à haute voix parmi les Apôtres et ceux qui le suivaient dans l'intention d'apporter par sa Chokhmah/sagesse une démonstration d'Unité "Père -sagesse-fils" source primordiale d'amour Philéo pour son peuple "l'Israël" issu de différentes nations. Il serait intéressant de s'unir dans des sagesses communes reçues par des révélations intuitives de "Chokhmah" afin de développer ensemble pour échanger et comprendre l'Israël que Dieu révèle uniquement dans sa dimension Céleste et spirituelle.

Jean 8/58, Jésus leur dit : En vérité, en vérité je vous le dis, avant qu'Abraham fût, je suis.

Jean 16/14-15 : Lui (l'Esprit) me glorifiera, car il recevra ce qui vient de moi pour vous le faire connaître. 15) Tout ce que possède le Père est à moi ; voilà pourquoi je vous ai dit : l'Esprit reçoit ce qui vient de moi pour vous le faire connaître.

N°1) LE KETHER כתר
La couronne

Au commencement (BERESHIT) texte du Zohar : "sagesses hébraïque"

Lorsque vint à se manifester la volonté du Roi. Il grava des signes dans la sphère céleste (qui l'entourait). Dans le recoin le plus secret, une flamme sombre s'éleva du mystère du Ein-Sof, l'infini, comme une vapeur qui se forme de l'informe, enserré dans l'anneau de la sphère, ni blanche ni noire, ni rouge ni verte, ni d'aucune couleur, elle produisit des couleurs rayonnantes ; du centre le plus secret de la flamme surgit une source cachée dans le secret de Ein-Sof, et des couleurs en sortirent et se répandirent sur tout ce qui est en dessous.

La source jaillit, mais sans traverser l'éther (de la sphère). Elle ne pouvait être connue avant qu'un point suprême et secret ait fait éclater sa lumière sous l'action de l'ultime percée.

Au-delà de ce point, rien ne peut être connu. C'est pourquoi il est appelé RESHIT, (commencement), le premier des dix mots par lesquels fût créé l'univers.

AU COMMENCEMENT, DIEU CREA LE CIEL ET LA TERRE.

א בְּרֵאשִׁית, בָּרָא אֱלֹהִים, אֵת הַשָּׁמַיִם, וְאֵת הָאָרֶץ.

La première phrase de la création dans le livre de la Genèse comporte ces dix mots en hébreu, reflétant les 10 émanations de chacune des Séphiroth en séparant l'Aleph et le BETH qui pose la première pierre du logos par l'alpha-beth là-dessus aleph "Eloïms" qui se tourne tendrement vers le Beth (la maison-nous-même).

Psaume 119/130-133 : L'entrée de tes paroles illumine, donnant de l'intelligence aux simples. 132) J'ai ouvert ma bouche, et j'ai soupiré ; car j'ai un ardant désir de tes commandements. 132) Tourne-toi vers moi et use de grâce envers moi, selon ta coutume envers ceux qui aiment ton nom. 133) Affermis mes pas dans ta parole, et qu'aucune iniquité ne domine en moi.

1 Corinthiens 9/25 : Tous les athlètes s'imposent une discipline sévère dans tous les domaines pour recevoir une couronne, qui pourtant sera bien vite fanée, alors que nous, nous aspirons à une couronne qui ne se flétrira jamais.

La Séphira Kether/couronne s'établit ex nihilo dans sa nature, son nom est ROUAH ELOHIMS HAYIM "souffle du Dieu vivant", il préside et domine, provoqué par une impulsion originelle due au rayonnement du Tsimtsoun primordial (retrait et réduction de l'énergie divine qui crée les mondes) de Dieu. Le Kether est un réceptacle masculin, il se reflète dans la sphère Malkuth et inversement, indissociable, ils appartiennent au domaine Céleste Divin, la royauté de notre Roi Christ. Ce sont des différents niveaux de réalité de l'origine de l'Homme, aux fondamentaux Divin du royaume et du règne de la couronne :

Jean 18/36 : Mon royaume n'est pas de ce monde, répondit Jésus. Si mon royaume était de ce monde, mes serviteurs auraient combattu pour moi afin que je ne fusse pas livré aux juifs ; mais maintenant mon royaume n'est point d'ici-bas.

Kether n'est pas Dieu ; toutefois, en même temps, il est l'expression de sa transcendance d'un continuum suprême de l'émanation qui s'exprime à partir du non-manifesté. Le premier aspect d'une sphère d'étincelles divines de lumière encerclant et couronnant le sommet de l'Arbre de VIe, ce réceptacle rejoint l'homme primordial, Adam Kadmon (le Christ). Kether est un état d'existence intérieur, divinement royal sur terre, qui s'expérimente au-delà des causes et des circonstances. Cette sphère potentiellement, est détachée de l'Arbre de Vie, étant donné qu'elle appartient uniquement au domaine Céleste. Personnellement, je pense que nous ne pouvons pas magnifier Kether de notre vivant dans ce monde terrestre. Toutefois, je rappelle que "Malkuth/royaume" et "Chokmah /sagesse" sont également au service des deux mondes (terrestre/céleste). Kether le couronnement de l'absolue Volonté Divine, cette Essence de Dieu, puissante, inégalable et primordiale, est reliée à la lumière originale (OR EIN SOF). Kether représente l'unicité, le "UN" on ne peut rien lui rajouter ni rien lui soustraire. La couronne se détermine également, à travers Berechit "commencement" de toute chose. Le kether est créateur et le révélateur du manifesté de sa miséricorde, afin de nous apporter un lien dans une dimension spirituelle intrinsèquement au sein du monde physique et matériel. Le principe masculin de la couronne Kether doit contenir et retrouver le principe féminin de son royaume la Malkuth extérieure, relatée par le Roi Salomon dans :

Quantique des quantiques : 1) Que tu es belle, mon amie, que tu es belle ! Tes yeux sont des colombes, derrière ton voile. Tes cheveux sont comme un troupeau de chèvres, suspendues aux flancs de la montagne de Galaad. 2) Tes dents sont comme un troupeau de brebis tondues, Qui remontent de l'abreuvoir ; Toutes portent des jumeaux, Aucune d'elles n'est stérile. 3) Tes lèvres sont comme un fil cramoisi, Et ta bouche est charmante ; Ta joue est comme une moitié de grenade, Derrière ton voile. 4) Ton cou est comme la tour de David, Bâtie pour être un arsenal ; Mille boucliers y sont suspendus, Tous les boucliers des héros. 5) Tes deux seins sont comme deux faons, Comme les jumeaux d'une gazelle, Qui paisse au milieu des lis. 6) Avant que le jour se rafraîchisse, Et que les ombres fuient. J'irai à la montagne de la myrrhe et à la colline de l'encens. 7) Tu es toute belle, mon amie, Et il n'y a point en toi de défaut. 8) Viens avec moi du Liban, ma fiancée, Viens avec moi du Liban ! Regarde du sommet de l'Amana, Du sommet du Senir et de l'Hermon, Des tanières des lions, Des montagnes des léopards. 9) Tu me ravis le cœur, ma sœur, ma fiancée, Tu me ravis le cœur par l'un de tes regards, Par l'un des colliers de ton cou. 10) Que de charmes dans ton amour, ma sœur, ma fiancée ! Comme ton amour vaut mieux que le vin, et combien tes parfums sont plus suaves que tous les aromates ! 11) Tes lèvres distillent le miel, ma fiancée ; il y a sous ta langue du miel et du lait, Et l'odeur de tes vêtements est comme l'odeur du Liban. 12) Tu es un jardin fermé, ma sœur, ma fiancée, Une source fermée, une fontaine scellée. 13) Tes jets forment un jardin, où sont des grenadiers, Avec les fruits les plus excellents, Les troènes avec le nard ; 14) Le nard et le safran, le roseau aromatique et le cinnamome, Avec tous les arbres qui donnent l'encens ; La myrrhe et l'aloès, Avec tous les principaux aromates ; 15) Une fontaine des jardins, une source d'eaux vives, des ruisseaux du Liban.16 Lève-toi, aquilon ! viens, autan ! Soufflez sur mon jardin, et que les parfums s'en exhalent ! Que mon bien-aimé entre dans son jardin, et qu'il mange de ses fruits excellents !

Les deux clés de voûte du royaume des cieux renferment la Séphira Kether/couronne et la Malkuth/royaume ; elles forment une matrice circulaire, une quintessence de Séphiroth dans une seule "Unité" englobant le reste des réceptacles à l'intérieur, indissociable tel que "les cercles d'un arbre coupé en deux", reflétant le flux de conversation de transfert d'énergie. Le tronc se tient en un cercle de puissance lumineuse à l'image d'un "Méga électron de puissance unique" ! Il se caractérise au sein de l'univers macrocosme, enchevêtré dans un Espace-Temps, que le règne fusionne entre la "Malkuth/royaume dans son couronnement Kether". En sommes, pour s'établir au niveau microcosme, dans l'abysse de la profondeur de notre cœur à ouvrir par la Foi. L'hypothèse pour que la sève, substance divine Kether, alimente complètement l'arbre de Vie, en libérant également, toute la grâce Tifferet diffusée dans l'espace intérieur du tronc. Ainsi, toute la manifestation de l'esprit de chaque niveau de réalisation spirituelle dans toutes les sphères séphirotiques, déclenche par sanctification en sanctification, l'élévation initiatique.

Proverbe 8/27 : Lorsqu'il disposa les cieux, j'étais là : lorsqu'il traça un cercle à la surface de l'abîme.

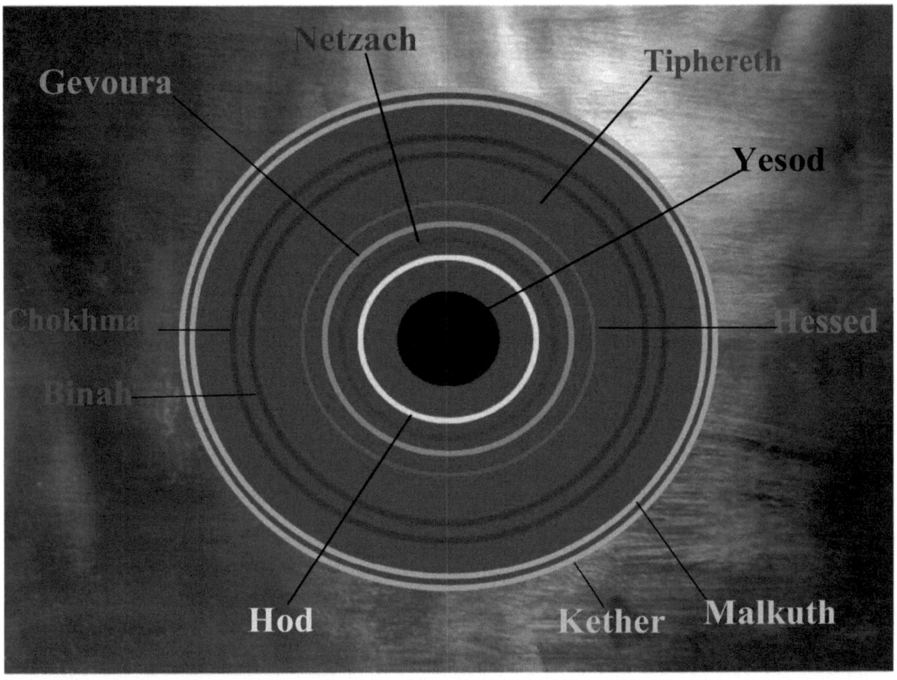

Visuellement, déplier l'Arbre de Vie est un préambule de différents sentiers d'évolutions de Vie, dans une configuration uniquement céleste afin, d'élever l'Humain dans ces recherches spirituelles. Nous sommes faits à l'image de Dieu, pour devenir l'Israël dans le dessein Divin "l'ombre des choses à venir", au plus profond de notre Âme et Jérusalem dans notr coeur. Cependant, il est crucial de comprendre que Dieu est au-delà, harmonisant dans les lieux Céleste très élevés au-dessus de toutes nos pensées, et de nos plans humains. L'arbre de Vie s'invite semblable à un miroir dans un jeu de Vérité, nous défiant dans nos responsabilités, notre honnêteté à reconsidérer nos introspections face à L'Eternel Dieu. Un chemin de repentance se dresse devant nous, pour faire tomber nos illusions, nos peurs et nos angoisses, nous abandonnant à une pleine conscience pour laisser place à l'espérance, dans son but de nous guérir afin de nous élever à une dimension de grâce.

Cet enseignement n'est en aucun cas une leçon de savoir-vivre de conception "occidentale" néanmoins, il demeure et se réfère aux écritures saintes bibliques, les complétant aussi de leurs commentaires. Il est vrai que chaque sentier Séphirotique, gonflé par notre levain chimérique et orgueilleux humain, suscite du courage et de l'humilité afin de nous reconduire d'un passage à l'autre des réceptacles ; sur ce, nous rétablir humblement face à notre relation divine avec Elohims "Dieu". En élargissant l'espace de nos tentes "cœur", toutes religions du monde, peuvent s'identifier et se "verticaliser en Israël" par le biais de l'Arbre de Vie.

Mon dernier point, d'une écriture tremblante et hésitante auquel je me soumets à vous lecteurs et lectrices ; sont les perspectives de mon expérience de vie dans des luttes personnelles et des combats spirituels que j'ai menés au quotidien. Sur ces entrefaites, j'aimerais vous confier, après plusieurs réitérations de réconciliation divine ; Dieu fidèle dans son immense bonté, s'est toujours tenu près de moi, pour me communiquer et m'éclairer, afin d'élaborer et nourrir mes convictions de Foi. Aujourd'hui, dans un but de dévoilées par cet essai d'écriture sur l'âme humaine, l'accomplissement d'un chemin de croix où l'horizontale s'unit à la verticale afin de lui laisser prendre, les rênes de notre existence. Dieu attise en nous un retour à la source, le puits n'est pas asséché, il est enfoui au plus profond de notre cœur. Le nom Israël se réclame en chacun de nous, dévoilant l'autorité Divine du bâton du pèlerin sur le sentier de notre vie.

Cette étude ne serait pas, si cette magnifique jeunesse Brenda, Kiana et tant d'autres ... qui m'entoure depuis plusieurs années ; tous et toutes éprouvaient un grand besoin de direction, d'expérience et de réalisation vivante avec Dieu. L'accent est mis sur la soif de spiritualité et de foi ; par lequel, se concrétisent les différentes étapes de trouble et d'incertitude, dans plusieurs domaines d'appréhension de notre existence. Donnez un sens sur les origines de l'âme par des Vérités pérennes et bibliques, développant sainement les valeurs Éternelles pour traverser chaque épreuve, puis résister face à l'adversité. La dimension morale du concept ontologique de l'Arbre de Vie, réinterprète et rafraîchit les ombres de notre jugement existentiel. Pour conclure, les divergences d'interprétations sont certaines mais en aucun cas, fruits de division pour Dieu, il est l'unité, il est Un : éh'ad, tout est en lui et pour lui:

"א Aleph" Dieu et le "ת Tave" omega : la signature la croix.

Les lettres de l'alphabet :

Elles symbolisent les trois éléments alchimiques de la nature :

1. Aleph (1ère lettre) : l'air. "souffle"

2. Mem (13e lettre) : l'eau.

3. Shin (21e lettre)   : le feu

Alphabet phénicien   Alphabet hébreu

Sens (phénicien)	Signe	Nom	N°	Nom	Signe	Sens (hébreu)
bœuf	𐤀	ʾālef	1	aleph	א	bœuf
maison		Bēth	2	beth	ב	maison
chameau		Gīmel	3	guimel	ג	chameau
porte		Dāleth	4	dalet	ד	porte
battant		Hē	5	hé	ה	louange
hameçon		Wāw	6	vav	ו	clou
arme		Zayin	7	zaïn	ז	arme
mur		Ḥēth	8	heit	ח	barrière
roue		Ṭēth	9	teith	ט	bouclier
main		Yōdh	10	yod	י	main
paume		Kaf	11	kaf	כ	paume
bâton		Lāmedh	12	lamed	ל	bâton
eau		Mēm	13	mem	מ	eaux
serpent		Nun	14	noun	נ	serpent, accroissement
poisson		Sāmekh	15	samekh	ס	appui
œil		ʿayin	16	ayin	ע	œil
bouche		Pē	17	pé	פ	bouche
papyrus		Ṣādē	18	tsadé	צ	hameçon
singe		Qōp	19	qof	ק	nuque
tête		Rēš	20	resh	ר	tête
soleil		Šin	21	shin	ש	dent
marque, ici, maintenant		Tāw	22	tav	ת	signe, marque

yes I want morebooks!

Buy your books fast and straightforward online - at one of world's fastest growing online book stores! Environmentally sound due to Print-on-Demand technologies.

Buy your books online at
www.morebooks.shop

Achetez vos livres en ligne, vite et bien, sur l'une des librairies en ligne les plus performantes au monde!
En protégeant nos ressources et notre environnement grâce à l'impression à la demande.

La librairie en ligne pour acheter plus vite
www.morebooks.shop

Printed by Books on Demand GmbH, Norderstedt / Germany